Denise Bretz & Larissa Tiesbohnenkamp (Hg.)
Die ultimative Poetry-Slam-Anthologie II

27 kommentierte Bühnentexte

W0011245

Die ultimative
Poetry-Slam-Anthologie II

Denise Bretz & Larissa Tiesbohnenkamp (Hg.)

27 kommentierte Bühnentexte

Erste Auflage 2019

Alle Rechte vorbehalten
Copyright 2019 by

Lektora GmbH
Schildern 17–19
33098 Paderborn
Tel.: 05251 6886809
Fax: 05251 6886815
www.lektora.de

Druck: MCP, Marki
Covermotiv: Camilo Castiblanco
(instagram.com/castiblanco.camilo)
Covermontage: Denise Bretz, Lektora GmbH
Lektorat: Denise Bretz, Lektora GmbH
Layout Inhalt: Denise Bretz, Lektora GmbH
Printed in Poland

ISBN: 978-3-95461-137-9

Inhalt

Vorwort 7

Wenn ich mutig wäre (Victoria Helene Bergemann) . 10
Resignation (Johannes Berger). 16
Von Felsblöcken und Schulbänken (Annika Blanke) . . 21
Gesellschaftliche Winternacht (Kai Robin Bosch). . . 29
Nur eine Variable (Josephine von Blueten Staub). . . 37
Raclette (Sandra Da Vina) 42
Scheitern ist okay (Stefan Dörsing) 47
Eine Absage (Johannes Floehr). 54
Letzte Rechtfertigung (Sven Hensel) 60
Eine Reihe dreister Falschaussagen (Elias Hirschl). . . 69
U. W. E. (Philipp Herold). 76
Was wäre, wenn (Björn Högsdal) 80
Ein Date voller Hate (Harry Kienzler). 85
Mindesthohn (Jean-Philippe Kindler). 91
Die Handwerker sind da! (Insa Kohler) 100
Hasskuss (Sarah Lau) 106
#klartexttext (Agnes Maier) 111
Max und Moritz 2015 – eine antikapitalistische Buben-
geschichte in drei Streichen (Fabian Navarro) 119

Der Soldat (Quichotte) 128

Brüll! Beton! (Lars Ruppel) 134

Der Zirkus ist in der Stadt (Patrick Salmen) 137

Inventur (Patrick Salmen) 139

Zeit für Lyrik (Sebastian 23) 142

Oma & MDMA (Henrik Szanto) 145

ABC (Leticia Wahl) 150

Das erste heilige Tribunal der Vorschulgruppe Frosch . .
(Jann Wattjes) 156

Ein Gute-Nacht-Märchen (Florian Wintels) 164

Der Pfad zur Erleuchtung (Jan Philipp Zymny) 171

Über die Herausgeberinnen 176

Text- und Bildnachweis 179

Vorwort

Fünf Jahre ist es nun her, dass wir die erste Poetry-Slam-Anthologie im Lektora-Verlag herausgebracht haben. Fünf Jahre Zeit für die Szene, zu wachsen, Ideen zu sammeln und noch mehr Pfeffer in die deutschsprachige Welt der Literatur zu bringen. So viele Talente haben wir kommen und so viele blitzgescheite Slammer*innen sich weiterentwickeln sehen. Nun ist es wieder an der Zeit, einen Strich darunterzusetzen und euch in geballter Form zu zeigen, was wir in den letzten Jahren für Prachtexemplare verlegen durften – denn wir feiern nicht nur 15-jähriges Verlagsjubiläum, sondern auch 25 Jahre Slam in Deutschland!

In dieser zweiten ultimativen Anthologie finden sich somit 27 unserer liebsten Texte aus den vergangenen Produktionen. Davon sind 19 Texte von Autoren und sieben von Autorinnen unseres Hauses verfasst. Dies ist besonders schön, da wir in der vorigen Anthologie nur eine Autorin vorzuweisen hatten, nämlich Sandra Da Vina, die dieses Mal mit »Raclette« vertreten ist. Darüber hinaus finden sich noch weitere alte Hasen wie Quichotte (»Der Soldat«), Jan Philipp Zymny (»Der Pfad zur Erleuchtung«), Patrick Salmen (»Der Zirkus«) oder natürlich Sebastian 23

(»Zeit für Lyrik«). Hinzu gesellen sich Neuautoren*innen wie Leticia Wahl (»ABC«), Sven Hensel (»Letzte Rechtfertigung«), Victoria Helene Bergemann (»Story of Yoloboy & Swaggirl«) und viele mehr. Zu jedem Text finden sich Biographien der Autoren und ein mehr oder weniger liebevoll verfasster Kommentar zur Idee, zum Ursprung des Textes.

Auch wir als Verlag blicken auf ereignisreiche fünf Jahre zurück. Über 100 Einzelproduktionen durften wir insgesamt schon Realität werden lassen und fühlen uns geehrt, mit so vielen unterschiedlichen, talentierten Autoren*innen zusammenarbeiten zu dürfen. So wie die Poetry-Slam-Szene versuchen auch wir, uns weiter zu verwurzeln. Deshalb freuen wir uns darüber, uns mittlerweile den weltweit größten Poetry-Slam-Verlag nennen zu dürfen. Mit besonders viel Stolz blicken wir auf die Textsammlung »Hinfallen ist wie Anlehnen, nur später« von Sebastian 23 zurück, die es im Juli 2017 sogar auf die Spiegel-Bestsellerliste geschafft hat. Auch dies ist ein Zeichen dafür, dass sich Bühnenlyrik in der deutschen Literaturlandschaft etablieren konnte, nachdem das kulturelle Angebot Deutschlands schon lange von der Slam Poetry beeinflusst wird.

Für diesen Erfolg sind natürlich viele Beteiligte verantwortlich. Deshalb wollen wir an dieser Stelle ein lautes Dankeschön in verschiedene Richtungen schreien. Der größte Dank gilt unseren prächtigen Autoren*innen. Euch verdanken wir nicht nur die Erfolge beim Preis für den ungewöhnlichsten Buchtitel auf der Leipziger Buchmesse, sondern auch, dass es uns gibt. Wir danken der Poetry-Slam-Szene, dass sie so bunt und hartnäckig und unfassbar kreativ geblieben ist. Und ein besonderer Dank geht an unseren Geschäftsführer und Lektora-Papa Karsten Strack. Ohne Karsten gäbe es den Verlag in dieser Ausrichtung nicht und wir sind stolz, ein Teil von Lektora zu sein und in der Szene mitwirken zu können.

Damit erst einmal genug, bevor es hier rührselig wird. Wir wünschen allen Slam-Beteiligten (Veranstaltern*innen, Slammern*innen, Zuschauer*innen etc.) eine spannende, aussichtsreiche Zukunft. Auf dass die Szene wächst, sich niemals unterkriegen lässt und stets mit neuen Ideen überrascht.

Wie Karsten rufen würde: Ihr seid alle Rockstars!

In diesem Sinne

Denise Bretz und Larissa Tiesbohnenkamp
Paderborn, 25.01.2019

Wenn ich mutig wäre
Victoria Helene Bergemann

»Wenn du heut nicht kommen willst, dann kommst du vielleicht morgen, und wenn du heut nicht gehen kannst, dann gehst du eben bald«, hast du noch gedacht.

Und ich hab dir gesagt: »Denk daran, was du in einem Jahr denkst.«

Ja, ich habe mal gehört, dass man, bevor man etwas Aufregendes tut, also z. B. einen Porno drehen, sich Sandsäcke dort implantieren, wo eigentlich Silikon hingehört, oder seinen Vater erschießen, erstmal überlegen soll, wie man in einer Woche, einem Monat und einem Jahr darüber denkt. Also denk immer daran, was du in einem Jahr denkst.

Vielleicht sag ich mir in einem Jahr: »Wenn ich das alles vor einem Jahr beendet hätte, dann hätte ich niemals das Verbot für Bauchtaschen bei Männern durchgesetzt, Nemo gefunden, 50 Küken aus der *Rügenwalder Mühle*-Fabrik gerettet, eine ganze *Celebrations*-Packung alleine zelebriert, niemals einen Uwe getroffen, der weder bei *OBI* arbeitete noch hauptberuflich auf dem Sportplatz einer Kleinstadt Rasen mähte, wäre ich nie als Intimfrisurenmodel in der *BRAVO* gewesen, hätte mir nie ein Poster von Alexander Klaws in hippen Klamotten von 2003 aufgehängt, ein Kind aus dem Bus geworfen und sein Eis behalten, nie eine Doktorarbeit über den fachgerechten Transport von Stockfisch geschrieben, einem Obdachlosen beigebracht, wie man Orgel spielt, nie die Geschichte gehört, wie Opa 1951 mal zwei Wochen lang mit dem Kopf in einem Fischernetz festhing, und mich gefragt, ob ich nicht für Höheres bestimmt bin. Also für Bergsteigen.«

Herr Depression ist ein Arschloch. In ruhigen Taten steht er still, in Worten schweigt er still. Und wenn ich so mit ihm rede, dann wirkt er ja auch erst ganz normal, aber dann wird es ganz kalt und irgendwann lässt er mich einfach nicht mehr los, und je mehr ich mich vor ihm zurückziehe, desto mehr nimmt er mich ein. Es gibt einfach Tage, da ist er ziemlich gut drauf, zieht sich schick an, setzt nen Hut auf.

Und ich denke wieder: »Wenn ich heut nicht kommen will, dann komm ich vielleicht morgen, und wenn ich heut nicht gehen kann, dann geh ich eben bald.«

Und wenn ich mutig wäre, dann hätte ich ihm schon längst gesagt, dass ich ihn überhaupt nicht mag, weil er, wenn er ein Mensch wäre, dieser eine mit dieser unangenehmen Lache wäre, der auf jedem Poetry Slam vom Rest des Publikums dafür ausgelacht würde, und ich es scheiße fände, dass er auf den Spielplatz geht und herumsitzenden Eltern mit seiner Schaufel schlägt, dass er so stark Haarausfall hätte, dass er mir immer seine Barthaare aus dem Gesicht sammeln müsste, wenn wir uns geküsst hätten, und nie einen Bibi-und-Tina-Film mit mir geguckt hätte. Und ich würde Nachrichten von ihm bekommen und denken, es wäre ein Penisbild, aber es wäre ein Video davon, wie er Diabolo spielt, um mich zu beein-drucken, nur hätte das nicht geklappt. Weil er nicht so gut Diabolo spielen kann, deswegen. Wenn ich mutig wäre, dann würde ich ihm sagen, dass ich ihn jetzt scheiße finde, weil sein Penis mich mehr interessieren würde als sein Di-abolo, aber ich bin ja ein Mädchen und als Mädchen sagt man so was nicht. Das hat irgendein Mann mal gesagt und seitdem steht das so fest. Ich verstehe auch nicht, wieso Herr Depression einerseits will, dass ich mich mit ihm ein-lasse, er aber nie anzügliche Bilder von mir möchte. Wahr-scheinlich ist er nur notgeil und findet mich in Wirklichkeit voll hässlich.

Ich würde so gerne Tiere pflanzen, Pilze zeugen und Pflanzen bauen, Drachen töten, schwule Gärtner heiraten und rein platonisch mit ihnen Heckenscheren shoppen ge-hen. Ich würde gerne ein cooles Start-up-Unternehmen gründen, das ganz hippe, hygienische Sachen mit Öko-strom herstellt, die einen glücklich machen, aber gleich-zeitig auch nicht teuer und nur wenig krebserregend sind, in allen möglichen Farben erhältlich und manchmal ganz fruchtig schmecken. Okay, vielleicht stellt dieses Unter-nehmen einfach Kondome her, ja, aber es geht um das Prinzip. Ich möchte irgendwas Cooles machen, aber da, wo ich bin, geht das nicht, denke ich immer.

Und wenn ich mutig wäre, dann würd ich, ohne nach-zudenken, auf die nächste Fähre nach weit weg steigen, wo der Arsch-Pfeffer von Timbuktu wächst, keine Ahnung, vielleicht Mecklenburg-Vorpommern, weil es mir überall besser gehen würde als da, wo ich bin. Wenn ich mutig wäre, würde ich dann zurückwinken und hoffen, dass das Land hinter mir wegbricht wie das römische Reich nach dem Hunnensturm und ich nie wieder daran denken muss wie Stalin an die Werte der russischen Revolution.

Aber immerhin bin ich mutig genug, zu sagen, dass ich zwar heute nicht komme, aber vielleicht komme ich morgen, und wenn ich heut nicht gehen kann, dann geh ich eben bald.

Ich wünschte, Professor Lupin hätte mir beigebracht, wie man sich gegen Dementoren wehrt, und ich wünschte, ich hätte allgemein in »Verteidigung gegen die dunklen Künste« besser aufgepasst. Und ich wünschte, ich wäre nicht der Maulwurf, sondern wüsste, wer mir auf den Kopf gekackt hat, und ich wünschte, ich wäre Peach, dann würde früher oder später auf jeden Fall einer kommen und mich befreien, oder auch ein verstopftes Rohr, Hauptsache, der Klempner kommt und rettet mich.

Und du sagst: »Wenn du heut nicht kommen willst, dann kommst du vielleicht morgen, und wenn du heut nicht gehen kannst, dann gehst du eben bald, denn in ruhigen Taten stehst du still, in Worten schweigst du still, also bitte bring mich nach Hause, bring Großmutter Wein und Kuchen, bring Erdbeermarmeladenbrote mit Honig zu Tom und der Erdbeermaus, bring Tim Taler sein Lachen zurück und geh runter zum Kiosk und bring mir ein Bier mit, aber bitte, bitte bring dich nicht um.«

Victoria Helene Bergemann, kurz »VHB«, wurde 1997 in einer Kleinstadt im Osten Hamburgs geboren, bis sie 20 Jahre später nach Kiel zog. Sie hat aber dank ihrer selbstgewählten Außenseitigkeit glücklicherweise nur zu wenigen Menschen

Kontakt, mit denen sie nichts zu tun haben möchte, wie z. B. dicken Männern in Karohemden.

VHB steht seit Ende 2010 auf Bühnen im In- und Ausland, war Vizemeisterin im deutschsprachigen U20-Poetry-Slam, Schleswig-Holstein-Meisterin, dreifache Finalistin der Hamburger Stadtmeisterschaft und mehrfache Halbfinalistin der deutschsprachigen Meisterschaften. Sie gibt Workshops, so auch zuletzt in Georgien und Schweden u. a. im Auftrag des Auswärtigen Amtes.

Außerdem ist Victoria Helene Bergemann mehrfache Preisträgerin des Bundeswettbewerbs »lyrix« für junge Dichter*innen, Mitgliedin der Kieler Lesebühne »Irgendwas mit Möwen« und veranstaltet und moderiert nebenbei selbst Poetry Slams.

Im Herbst 2017 erschien ihre erste Textsammlung »Basti hat behauptet, dass er gehört hätte, wie meine Mutter gesagt hat, dass ihr nicht so viel Dreck reintragen sollt« im Lektora-Verlag, zusätzlich dazu erschienen Bergemanns Texte in vielen Anthologien.

In ihrem ersten Soloprogramm »Innere Werte kann ich

auch nicht«, mit dem sie seit Frühjahr 2018 durch Deutschland tourt, geht es um Wichtiges verschiedener Art, wie z. B. Nacktschnecken, Republiken und Tupperware; um Rollschuhe, Leberwurst und Verbrechensstatistiken geht es aber nicht.

»In einer kalten stürmischen Winternacht beschloss ich einst, einen Text über das Allerwichtigste zu schreiben. Die Luft roch nach Mut, nach Erdbeermarmeladenbrot mit Honig und nach Alexander Klaws, der sang, dass ich ihn in dieser Nacht nehmen sollte. Das fand ich erst zutiefst befremdlich, aber ich nahm ihn und noch viele andere Metaphern und schrieb also endlich mal etwas Vernünftiges.«

Resignation

Johannes Berger

Es gibt Momente im Leben, wo deine Träume zerplatzen wie Seifenblasen. Blub.

Der Moment in dem man vergeblich auf den Brief aus Hogwarts wartet, die Erkenntnis, dass man nie in der Fußballnationalmanschaft spielen wird, weil die Debütanten jünger sind als man selbst – fick dich, Joshua Kimmich – und der Blick in den Spiegel, der einem sagt: So hast du dir nicht vorgestellt, mit 24 auszusehen. Statt Bart und Waschbrettbauch Pickel und den Körper eines 14-jährigen Mädchens: kleine Brüste, großer Bauch, fetter Arsch.

Und in diesen Momenten schreit irgendeine Stimme in deinem Kopf: *Leb deine Träume!*

Aber wie?

Ich hab schon Probleme, mein Leben zu leben, und wie zur Hölle soll ich dann meine Träume leben? Natürlich kann ich nach London fahren und immer und immer wieder gegen eine Backsteinmauer rennen, statt nach Hogwarts komm ich höchstens in die Psychatrie. Natürlich kann ich Marketing studieren, Rhetorik-Kurse besuchen, der CDU beitreten, Ministerpräsident werden, schließlich Bundeskanzler, um geschickt die Macht an mich zu reißen, mich zum König von Deutschland zu ernennen, nur um dann mich selbst beim DFB-Team aufzustellen. Aber seit einiger Zeit ist das nicht mehr so einfach, wie es klingt: Danke, Adolf.

Natürlich kann ich einfach ins Fitnessstudio gehen und was für meinen Körper tun. Das letzte Mal aber, als ich den Versuch unternahm, landete ich mit Leistenbruch im Krankenhaus, und als ich meinem besten Freund, der nicht wusste, was das ist, erklärte, dass jetzt mein Darm gegen meinen Hoden drückt, fragte er nur: »Was? Du kackst dir in deinen Sack?«

Und da wusste ich plötzlich, warum weise Menschen sagen, dass Träume für den Arsch sind. Aber hey, vielleicht befinde ich mich einfach nur in einer depressiven, misanthropischen Phase, denn nicht jeder kann Nationalspieler werden (fick dich, Joshua Kimmich).

Viele träumen ja davon, das zu werden, was ich schon bin: Poet, Künstler, Musiker. Mein Traum ist wahrgeworden: Ich steh um 15 Uhr auf, koks 'ne Runde, lass mir ein paar Nutten kommen und gehe abends ins Studio, ab und an Konzerttournee mit Nightliner und Groupies.

In Wirklichkeit stehe ich um 7 Uhr auf, übe acht Stunden alleine in meinem Kämmerchen wie ein Verrückter mein Instrument, hab abends einen Auftritt vor zehn Leuten, krieg 20 Euro und drei Freigetränke und am Ende des Tages klopft mir wer auf die Schulter und sagt: »Du warst ... echt ... okay.«

Vielleicht sind Träume ja auch deshalb für den Arsch, weil sie, wenn sie in Erfüllung gehen, im Endeffekt nie so sind, wie du sie dir vorgestellt hast. Wenn man einen Körper wie Ryan Gosling haben will, kann man nicht rumsitzen und rumheulen, sondern muss sich gesund ernähren und fünfmal die Woche ins Fitnessstudio gehen. Und ja, vielleicht gehst Du nach fünf Monaten auf die Straße und alle sagen: »Wow, Ryan – du hier, ich dachte, du lebst in Hollywood.«

Aber vielleicht liegst du auch nach fünf Minuten auf dem Boden vom Fitnesstudio und der unqualifizierte Trainer, der dir einfach mal so 20 Kilo zu viel draufgepackt hat, teilt dir mit, dass du dir wohl gerade einen Leistenbruch zugezogen hast, und alle stehen um dich herum und rufen: »Haha, Johannes, du kackst dir in deinen Sack.«

Ich glaube, Träume passieren nicht. Träume sind harte Arbeit, Träume sind anstrengend, Träume scheitern. Nicht alles, was Spaß macht, bringt dich weiter, und nicht alles, was dich weiterbringt, macht Spaß. Und daher gehen wir weg vom großen Ganzen und reduzieren unsere Träume auf ein Minimum, denn: »Uh – ich wollt schon immer mal grüne Haare haben« und »Yeah – morgen fang ich mit Zumba an« sind keine Träume.

Und auch wenn Träume oft für den Arsch sind, weil sie sich nie so erfüllen können, wie wir sie uns erträumen, geben sie uns in manchen Momenten im Leben die Kraft, mehr an uns zu verändern als die Haarfarbe. Und dann sind sie zwar für den Arsch. Aber auch ein klein bisschen für das Herz. Und gegen die Resignation.

Johannes Berger (*1994) ist ein Slam-Poet, Moderator und Musiker aus Hannover. Geboren in Istanbul, vebrachte er seine Kindheit in Berlin und München.

Seit 2012 steht er regelmäßig auf Poetry-Slam-Bühnen im deutschsprachigen Raum und trat dabei u. a. in der Elbphilharmonie, der Staatsoper Hannover, dem Schauspiel-  haus Hamburg und auf dem Deichbrandfestival auf. Zu seinen größten Erfolgen zählt u. a. der Gewinn der deutschsprachigen U20-Meisterschaft 2014 und der 3. Platz im Team-Wettbewerb 2017 mit dem Spoken-Word-Duo »Natürlich Blond«. Zusammen mit dem Autor Thomas Spitzer gab er im Herbst 2014 in Kooperation mit dem Goethe-Institut Poetry-Slam-Workshops in Taiwan und China. 2016 erschien seine erste Textsammlung »Jugendsünden« beim Lektora-Verlag. Seit 2014 moderiert er in Fürstenfeldbruck seinen eigenen Poetry Slam; zudem übernahm er im selben Jahr den U20-Slam-Hannover und ist Organisator des hannoverschen Jazz-Slam. Unter dem Künstlernamen »Yunus« ist Berger auch als Rapper und Bratschist aktiv und veröffentlichte u. a. die EP »Malibu Cola«.

»Der Text enstand im Frühjahr 2015. Ich hatte knapp eineinhalb Jahre vorher die Aufnahmeprüfung für das Musik-Studium bestanden und mir damit einen großen Traum erfüllt. Im dritten Semester begann mich dann aber die Realität einzuholen: Konzerte vor null bis zehn Menschen, dogmatische Dozenten und dazu noch ein Tinitus, eine Sehnenscheidenentzündung und besagter Leistenbruch. Und dann fragt man sich irgendwann schon: Ist es das wert? Will du das überhaupt? Ist das wirklich dein Traum? Der Text half mir dabei, diese Fragen für mich mit ›Ja‹ zu beantworten.«

Von Felsblöcken und Schulbänken

Annika Blanke

Und nun ist Sisyphos' Felsblock
also bei ihnen angekommen.
Bei ihnen.
Bei denen, die schon alles gesehen haben.
Deren Erstaunen
nur noch einen Ladebalken lang reicht.
Und denen die eigene Stille
so bedrohlich vorkommt.

www.wikipedia.de

»HIER GIBT'S KEINEN EMPFANG!«, mault einer der Erziehungs- und Schutzbefohlenen der Klasse 10 und reckt wie zum Beweis seinen scheckkarten großen Alleswisser in die Luft.

»Du sollst die Aufgabe auch nicht mit Hilfe des Internets lösen!«, sage ich. »Bediene dich gefälligst deines eigenen Verstandes!«

Ich freue mich, das so stark vom Aussterben bedrohte Genitiv-S einmal mehr erfolgreich gerettet zu haben, und schaue mich im Klassenraum um.

»Was wirklich ist, das ist vernünftig«, hat ein großer Denker einmal gesagt.

Ich schlage im auf dem Pult liegenden Ethikbuch unter *H* wie *Hegel* nach, denke kurz an die Gesellschaft und mir werden zwei Dinge klar: warum Hegel zu den Idealisten gezählt wird und warum er auf dem Portrait im Buch so dunkle Augenringe hat.

Aber wir haben nicht 1820, sondern 2017, und meine Wirklichkeit sieht so aus: Vertretungsstunde, Grundkurs Werte und Normen, Thema: »Meine Zukunft – Selbstverwirklichung oder Selbstbetrug?«, hinter dem Pult ich, 33 Jahre, Lehrerin. Vor dem Pult 22 Stühle mit 22 Schülern, alle zwischen 15 und 17, alle zwischen allwissend und Abitur, alles Kinder der demokratischen Zeit und des digitalen Zeitalters, und dann ruft einer von ihnen plötzlich: »Du kannst es heutzutage doch nur zu etwas bringen, wenn du dich anpasst!«

Meine Augen durchsuchen systematisch die Schülerschaft. Nach ein paar Sekunden entdecke ich den urheber der Aussage, es hat etwas länger gedauert, ihn zu finden, er hatte sich so gut seiner Umgebung angepasst. Im grauen Pullover vor grauer Wand will er wohl nicht groß auffallen. Auch sonst sieht er total normal aus, normales Gesicht mit zwei normalen Augen, normale Nase, normale Ohren, normale Zähne, normale Haare. Ich weiß, jetzt denken Sie bestimmt: »Was ist schon normal?!«, aber da müssen Sie mir jetzt einfach mal vertrauen, der Junge ist optisch einfach Durchschnitt. Und er heißt Jens.

Ob seine Gedanken es sind (also eher Jens oder eher Durchschnitt), weiß ich noch nicht, daher spreche ich den Parolenschwinger pädagogisch-wertvoll an: »Ich kann dich leider erst drannehmen, wenn du dich meldest«, sage ich. »Und hör endlich auf, mit deinem Stupidphone rumzuspielen! Außer dir hat hier keiner eins, so viel zum Thema Anpassung!«

Sekunden später wedeln 21 Schüler mit 21 Smartphones.

»Hör'n Sie mal, Frau Blanke«, meldet Jens sich wieder zu Wort, ohne sich zu melden. »Hier sitzen 22 Schüler und ein Lehrer. Wenn man sich meldet, geht man immer das Risiko ein, nicht drangenommen zu werden, damit Ihr Prinzip des Unterrichtens funktioniert, müssen wir es alle erstmal anerkennen, und wenn 22 Leute sich dagegen entscheiden, da können Sie nix machen! Das ist wie mit der Warteschlange vor dem Schulbus: Wenn man sich – wie's sich gehört – hinten anstellt, ist man immer der Gearschte! Sie glauben ja gar nicht, wie weit hinten hinten sein kann!«

»Also größtmögliches Glück auf Kosten anderer? Findest du das nicht ein bisschen egoistisch?«, frage ich.

»Nö«, sagt Jens, »solange ich nicht zu den anderen gehöre! Gucken Sie sich doch mal in der Welt um! Ja, es gibt eine Welt außerhalb dieser Schulmauern! Da geht es nicht um Respekt, Rücksicht und Meldeketten! Da geht es darum, wer die stärksten Ellenbogen hat und am lautesten schreit!«

»Und das findest du vernünftig?«, frage ich.

»Ey, nur weil ich das Spiel mitspiele, heißt das noch lange nicht, dass ich die Regeln gut finde!«, sagt Jens.

Ich denke kurz daran, dass die Regeln im Unterricht lauten *Klappe halten und mitarbeiten*, statt *zur Revolution aufzurufen*, aber da ertönt eine Stimme aus Reihe eins: »Wir können die Regeln aber auch ändern!«

Laut Sitzplan heißt das zur Aussage gehörende Mädchen Sophie.

Sophie steht auf: »Brüder und Schwestern!«, erhebt sie ihre Stimme, »Wir alle streben nach einem gemeinsamen Ziel: Wir wollen unsere Träume verwirklichen! Damit dies für jeden von uns grundsätzlich möglich sein kann, müssen wir jede Unterdrückung verhindern – die Unterdrückung eines Einzelnen ist auch eine Unterdrückung unserer selbst! Hannes – was willst du später mal werden?!«

»Neurologe!«, antwortet der schmächtige Brillenträger.

»Wer von euch dafür ist, dass Hannes Neurologe werden darf, um anderen zu helfen und viel Geld zu verdienen, der rufe jetzt ›JAAA‹!«

Eine Woge der Begeisterung bricht über die Klasse 10b herein. Ich schleiche mich zur Tafel und beginne kleinlaut eine Mindmap.

Sophie legt nach: »Und du, Lena, was willst du später mal werden?«

»Ich möchte in Tansania ein Waisenhaus aufbauen und Kindern ein besseres Leben ermöglichen!«

»Wer von euch dafür ist, dass Lena Waisenhausaufbauerin werden darf, um anderen zu helfen und wenig Geld zu verdienen, der rufe jetzt ›JAAA‹!«

So langsam steppt hier der Bär. Der angepasste Revoluzzer Jens hat die allgemeine Euphorie schnell und zielsicher erkannt, nennt sich jetzt Jean-Baptiste, trägt eine Baskenmütze und ist dazu übergegangen, filterlose Gauloises zu rauchen.

»FREIHEIT UND WOHLSTAND FÜR ALLE!«, skandiert er und lässt mithilfe der Taschenlampen-App seines Handys das Licht der Aufklärung erstrahlen.

22 Personen gefällt das.

»Und du, Julius-Wilhelm, was möchtest du mal werden?«

»Investmentbanker!«

Stille.

»Das können wir nicht aufschreiben!«, sagt Sophie, »Das verstößt gegen die Regeln!«

Ich schreibe ihn ganz klein in die Ecke der Tafel und blicke in die Runde. Mir fällt ein Schüler auf und ich mustere ihn. Blass, die langen Haare ins Gesicht gefallen, sitzt Paul in der Ecke. Wenn der Grundsatz *Ich denke, also bin ich* stimmt ... dann gibt es Paul nicht. Während alle anderen aufmerksam den Plänen der Mitschüler lauschen, guckt er teilnahmslos aus dem Fenster.

»Und du, Pinky?«, verhört Sophie gekonnt weiter einen Jungen im rosa Poloshirt, »Was ist dein Traum?!«

»Die Weltherrschaft!«

»Sollen wir das unter ›Investmentbanker‹ schreiben?«, frage ich.

22 Mal Nicken, ich schreibe auf. Dann klingelt es zur Pause.

»Der Lehrer beendet die Stunde!«, sage ich und beende die Stunde.

Der Raum leert sich schnell. Mein Blick und meine Gedanken bleiben an der Tafel hängen. Welche Träume klingen vernünftig, welche unvernünftig, und ist es überhaupt vernünftig, dass ich mir ein Urteil erlaube? Ich denke daran, dass Vernunft bedeutet, aus Erfahrung und Beobachtung Verhaltensregeln abzuleiten. Und trotz allem Träume. Dann hinter mir ein Räuspern. Paul wischt sich den Pony aus dem Gesicht.

»Ich habe nachgedacht, was ich werden will«, sagt er mit fester Stimme. »Ich möchte glücklich sein.«

»Vernünftig«, sage ich.

Und hoffe insgeheim, dass er ahnt, dass das Glück in *glücklich* nicht immer auf *ich* endet.

Annika Blanke, Wortakrobatin und Zeilenstellerin, geboren 1984 im ostfriesischen Leer. Seit 2007 steht sie regelmäßig auf großen und kleinen Bühnen von Norderney bis New York City. Slammt überwiegend ziemlich rasant – und manchmal auch op Platt. Annika Blanke lebt in Oldenburg und ist Mitbegründerin der dortigen Lesebühne METRO-

PHOBIA sowie der Lesebühne »The HuH!« in Bremen. Gemeinsam mit Rita Apel und Insa Kohler bildet sie zudem das Kabarett-Slam-Trio »Dames Blonde«. Ihr Debütroman »Born: Toulouse« erschien 2012 im Lektora Verlag.

»Diesen Text habe ich für die Teilnahme an einem Philosophie-Slam im Schauspiel Hannover geschrieben. Die Grundfrage lautete: ›Wie viel Vernunft braucht der Mensch?‹

Es war interessant, im Text viele junge, ganz unterschiedliche Menschen aufeinandertreffen- und so eine ganz eigene Dynamik entstehen zu lassen! Zudem muss meine Liveperformance des Textes durchaus überzeugend sein: Als ich ihn einmal vorlas und bei der Stelle ›Und du, Julius-Wilhelm, was möchtest du mal werden?‹ energisch mit dem Finger ins Publikum zeigte, rief ein Mann spontan mit erstaunt-verängstigter Stimme ›Feuerwehrmann!‹ zurück.

Es ließ sich aber nicht mehr abschließend feststellen, ob er Julius-Wilhelm hieß.«

Gesellschaftliche Winternacht

Kai Robin Bosch

Eisiges Schweigen –
es fällt kein aufbauender, erwärmender, milder Satz!
Jeder schottet sich jetzt ab,
trotz Überbevölkerung in der Innenstadt
geht jeder seinen Weg alleine,
doch das hat noch nie Sinn gemacht.
Eisiges Schweigen –
wir befinden uns in 'ner gesellschaftlichen Winternacht!

Eisiges Schweigen –
es fällt kein aufbauender, erwärmender, milder Satz!
Jeder schottet sich jetzt ab,
trotz Überbevölkerung in der Innenstadt
geht jeder seinen Weg alleine,
doch das hat noch nie Sinn gemacht.
Eisiges Schweigen –
wir befinden uns in 'ner gesellschaftlichen Winternacht!

Die Seelen der Menschen sind vereist wie die Straßen,
ich warte auf mehr Lockerheit, auf heißere Tage!

Die Luft der Gespräche ist frostig
und brennt in den Lungenflügeln!
Ich suche die Wahrheit
zwischen all den hundert Lügen,
da die oberste Fassette des Menschen
meist schützende Fassade ist
und jeder warme Blick bei einer Gesprächstemperatur
von null Grad erlischt.
Mit der letzten pathetischen Bemerkung
erlischt das kommunikative Abendlicht.
Schweigen ist manchmal Gold
– meistens aber verbales Gift.

Die Kommunikation besteht zum Großteil
nur noch aus Small-Talk-Trash,
auf ihr wird rumgetrampelt,
als hätte sie mitgemacht bei einer Wall-of-death,
während ich so den Worten lausche und nachdenk,
bilden sich in meinem Kopf automatisch pausenlos Fragen:
Warum begegnen mir steinerne Mimiken,
vereiste Gesichtszüge?
Ist jeder verheißungsvolle Augenkontakt denn nur
eine weitere Blick-Lüge?
Die Gesellschaft ist spiegelglatt,
ich rutsche aus, falle hin,
finde keinen Halt
– Gespräche und Charaktere sind auf kalt getrimmt.

Eisiges Schweigen
– es fällt kein aufbauender, erwärmender, milder Satz!

Jeder schottet sich jetzt ab,
trotz Überbevölkerung in der Innenstadt
geht jeder seinen Weg alleine,
doch das hat noch nie Sinn gemacht.
Eisiges Schweigen
– wir befinden uns in 'ner gesellschaftlichen Winternacht!

Eisiges Schweigen
– es fällt kein aufbauender, erwärmender, milder Satz!
Jeder schottet sich jetzt ab,
trotz Überbevölkerung in der Innenstadt
geht jeder seinen Weg alleine,
doch das hat noch nie Sinn gemacht.
Eisiges Schweigen
– wir befinden uns in 'ner gesellschaftlichen Winternacht!

Chatnachrichten und Schweigen wechseln sich ab,
wir sind zum Leben zu beschäftigt, die Zeit verrinnt
in 'nem noch gestressteren Takt,
früher sehnten wir uns nach den Nächten der Stadt,
man war der letzte im Pub,
doch auf der Couch vor dem Smartphone-Display
ist jetzt leider der bessere Platz.

Meine Worte erscheinen lächerlich schwach,
aber ich frage mich,
ob es zu ertragen ist,
dass auch bei Tageslicht
jeder nur noch auf sein Smartphone blickt.
Weil wir überfordert sind, lassen wir uns verkörpern
von Charakteren in Online-Spielen,

das gerade Aktuelle gerät schnell in Vergessenheit
wie die gestrige One-Night-Liebe.
Es spielt nun mal keine Rolle,
in welchem Land man im Leben steckt.
Menschen und Kulturen sind egal
– Hauptsache, man besitzt Zugang zum W-Lan-Netz!
Hauptsache, man hat den neusten Messenger,
die neuste App, denn
unser Mundwerk ist eingefror'n.
Das, was früher reden war, ist heute chatten.

Wir stecken in einem thematischen Sumpf,
labern uns dumm,
man hat sich nichts zu sagen,
das Niveau befindet sich literarisch bei null.
Von dem langen Starren auf den Bildschirm
sind die Augen glasig und stumpf.
Nur noch wenige Menschen haben
den Blick für die sprachliche Kunst.

Eisiges Schweigen
– es fällt kein aufbauender, erwärmender, milder Satz!
Jeder schottet sich jetzt ab,
trotz Überbevölkerung in der Innenstadt
geht jeder seinen Weg alleine,
doch das hat noch nie Sinn gemacht.
Eisiges Schweigen
– wir befinden uns in 'ner gesellschaftlichen Winternacht!

Eisiges Schweigen
– es fällt kein aufbauender, erwärmender, milder Satz!

Jeder schottet sich jetzt ab,
trotz Überbevölkerung in der Innenstadt
geht jeder seinen Weg alleine,
doch das hat noch nie Sinn gemacht.
Eisiges Schweigen
– wir befinden uns in 'ner gesellschaftlichen Winternacht!

Kälte umschließt mich,
egal, ob in der Gesellschaft oder hier draußen.
Schon vor Jahren war sicher:
Die Entwicklung hier wird gewaltig schieflaufen.
Heute textet man sich auf Whatsapp zu,
früher schickte man sich Brieftauben.
Wir rennen blindlinks in die Sackgasse,
obwohl wir uns schon längst am Ziel glaubten.

Heutzutage geht man nicht mehr raus,
man bleibt lieber im Bett
und Freunde trifft man nur noch virtuell
zum gemeinsamen Spielen im Netz!
Durch diese Entwicklung bekomme ich die Krise, denn jetzt
ist die beliebteste Art zu kommunizieren der Chat!
Meistens bleibt man anonym – auf Distanz –,
man glaubt, nicht mehr zu wissen,
wem man hier noch glauben kann!
Meistens bleibt man auf Distanz – anonym –,
doch manche Leute sind noch
um tiefsinnigen Kontakt bemüht!

Und jetzt wummern in meinen Ohren
zutiefst chillige deutsche Rap-Lines,
während ich diesen tiefsinnigen neuen Text schreib.
Ich blicke nach vorn und bin am Ende meiner Suche,
ich seh,
dass man dieses literarische Eis brechen kann
– es wächst eine Blume im Schnee.

Kai Bosch wurde am 13. Mai 1997 in Waiblingen geboren.

2014 veröffentlichte er seinen Debüt-Roman »Laberaffe« im Self-Publisher-Verlag Tredition und im November desselben Jahres stand er zum ersten Mal auf einer Slam-Bühne. Inzwischen folgten über 140 Auftritte, die den baden-württembergischen U20-Meister von 2015 in wunderba-re Städte wie Hamburg, Wien und Oberstenfeld führten. Im Jahr darauf wurde sein prosaischer und lyrischer Klamauk in seiner Textsammlung »Tagträumer« gebündelt, welche im Lektora-Verlag erschienen ist. Außerdem gibt Kai Bosch Poetry-Slam-Workshops und spielt Theater.

Nachdem er 2017 an einem sozialwissenschaftlichen Gymnasium sein Abitur absolvierte, widmet er sich seit diesem Wintersemester dem Studium der Kommunikationswissenschaft in Hohenheim. Dabei, so hofft er, wird er in den nächsten Jahren nur noch auf klimatische Winternächte stoßen. Mehr unter: www.kaibosch.de.

»Die Reise zu dem Ursprung dieses Textes führt an einen düsteren Ort ohne W-Lan: in einen Klassenraum meines ehemaligen Gymnasiums. Im Deutschunterricht behandelten wir damals Gedichte und erhielten die Aufgabenstellung, eines über den Winter zu verfassen. Da ich mir in dieser Zeit häufig Gedanken über die Missstände der zwischenmenschlichen Kommunikation gemacht habe, war für mich schnell klar, in welche Richtung sich dieser Text entwickeln würde. Nebenbei war das der perfekte Anlass, meiner Schwäche für mehrsilbige Reime mal wieder nachzugeben. Also habe ich mich im wahrsten Wortsinn geistig umnachtet den Hausaufgaben gewidmet und meine persönlichen Eindrücke in der gesellschaftlichen Winternacht verarbeitet.

Da sage noch einer, der Schulstoff sei im späteren Leben zu nichts mehr nütze.«

Nur eine Variable

Josephine von Blueten Staub

Emily ist acht und lebt mit ihrer Familie auf dem kleinen Dorf nördlich der Stadt. Sommer heißt für sie: den ganzen Tag draußen sein. Im Birkenwäldchen spielt sie Verstecken und auf der Kaninchenwiese Fangen. Wenn sie rennt, schwingen ihre geflochtenen Zöpfe im Rhythmus zu ihrem Schritt.

Das Baumhaus ist ihr Lieblingsort. Von da aus kann sie die Leute beim Baden im See beobachten und wenn ihr zu warm wird, klettert sie runter und schwimmt selbst eine Runde. Sie klaut auch oft Obst aus dem Nachbarsgarten, das sie dann auf der Wiese hinterm Haus mit ihrem kleinen Bruder teilt. Ihr Bruder mag Sauerkirschen am liebsten. Am Rand der Wiese ist eine Hecke, in der in jedem Frühling die Amsel brütet. Jetzt flattern Zitronenfalter darüber hinweg. Manchmal liegt Emily stundenlang im Gras und beobachtet die Schmetterlinge bei ihrem Tanz in der Luft. Emily lächelt jeden Tag, aber mit ihren acht Jahren weiß sie nicht, dass das vielleicht Glück ist.

Doch das ist nur eine Geschichte, Emily gibt es nicht wirklich. Sie ist eine Figur, die ich gerade erschaffen habe. Emily, acht,

Zöpfe, Lächeln – vier Worte und plötzlich existiert sie. Und dann gebe ich ihr ein Leben, indem ich Orte und Eigenschaften, die mir gefallen, aneinanderreihe. Das geht so erschreckend leicht. Ich kann Emilys Leben auch ganz anders sein lassen, wenn ich bloß eine einzige Variable[1] verändere.

Sagen wir beispielsweise: Emily und ihr kleiner Bruder haben den Vater nie gekannt. Er steht nicht mal in der Geburtsurkunde, zahlt keinen Unterhalt. Das Krankenschwestergehalt der Mutter reicht nicht für einen Kredit, sodass Emily statt auf dem Dorf noch immer im Plattenbau wohnt, mitten im schmutzigen Stadtviertel. Sommer heißt für sie: schmelzender Asphalt, stickig-heiße Straßenbahnen und Junkies auf dem Spielplatz.

Der Balkon ist ihr Lieblingsort. Von da aus kann sie die Hunde aus der Nachbarschaft beim Herumtollen auf der Wiese beobachten. Nur die Kampfhunde von den Leuten aus der Wohnung über ihnen, die mag sie nicht, weil sie ihren Bruder oft zum Weinen bringen, und oft kann Emily auch nicht einschlafen, weil diese Leute bis spät in die Nacht laute Musik hören und dazu grölen. Deshalb hat die Achtjährige Augenringe und ist schlecht in der Schule, weil sie sich nicht konzentrieren kann.

Mutter macht immer Überstunden, weil das Geld, wie sie sagt, hinten und vorne nicht reicht. Deshalb muss Emily in den Ferienhort gehen und danach ihren Bruder vom Kindergarten abholen. Wenn Mutter Spätschicht hat, macht

---

1 Genau genommen verändere ich keine Variable, sondern die Variablenausprägung. Zugunsten des Klangs wurde von der mathematisch korrekten Bezeichnung abgesehen.

Emily das Abendessen. Ihr Bruder mag Spaghetti mit Ketchup am liebsten. Einmal hat sie sich beim Abgießen des Nudelwassers verbrüht, deshalb ist ihr Handgelenk vernarbt. Ihre Haare trägt sie meistens offen, Zöpfe hat sie nur, wenn Mutter frei hat, weil sie selbst nicht flechten kann. Wenn Mutter frei hat, fahren sie auch manchmal zum Badesee nördlich der Stadt. Manchmal sitzt sie dann im Baumhaus, beobachtet die Menschen beim Baden im See. Emily lächelt an solchen Tagen, aber mit ihren acht Jahren weiß sie nicht, dass das vielleicht Glück ist.

Aber das ist noch immer nur eine Geschichte. Ich kann Emilys Leben auch noch ganz anders sein lassen, indem ich wieder nur eine Variable verändere. Zum Beispiel kann ich ihre Mutter krank machen.

»Emily sollte öfters ihre Hausaufgaben machen, um nicht den Anschluss zu verlieren«, steht in ihrem Halbjahreszeugnis. Das ist noch nett gesagt, denn Emily macht nie Hausaufgaben. Sommer heißt für sie: keine Schule und damit auch keine Lehrer, die komische Fragen stellen oder mit Mutter reden wollen. Nachdem sie ihren Bruder vom Kindergarten abgeholt hat, wartet zu Hause die eigentliche Arbeit. Während die anderen Kinder auf dem Spielplatz spielen, wäscht Emily die Wäsche und bringt ein paar Schnapsflaschen in den Hof. Der Ferienhort ist ihr Lieblingsort, denn da kann auch sie einfach nur mal spielen und niemand schimpft oder stellt komische Fragen.

Weil Mutter die Sozialhilfe für Alkohol ausgibt, klaut Emily oft Geld aus ihrem Portemonnaie, um etwas zum Essen zu kaufen. Wenn kein Geld drin ist, bringt Emily Pfand weg. Ihr kleiner Bruder hilft ihr dabei und trägt die leichte Tüte mit den Plastikflaschen, sie die schwere mit den Bierflaschen. Wenn kein Pfand zu Hause ist, gehen sie welches suchen. Auf dem Spielplatz bei den Junkies finden sie fast immer was. Im kleinen Park hinter der Kaufhalle essen sie Abendbrot. Ihr Bruder mag Toastbrot mit Sandwichkäse am liebsten. Nach dem Essen sitzen sie noch eine Weile dort im Grünen und lauschen dem Gesang einer Amsel. Einmal hat ihr Bruder gefragt, wo die Amsel wohnt. Da hat Emily ihm von einer kleinen Hecke erzählt, die am Rande einer Wiese steht, wo tagsüber immer tausende Schmetterlinge herumflattern.

Wenn sie später nach Hause zurückkommen, stinkt Mutter wieder nach Schnaps und redet mit dem Fernseher. Manchmal setzt sich Emily zu ihr auf die Couch und dann gucken sie zusammen einen Trickfilm, und manchmal sagt Mutter dann, dass Emily ein liebes Kind ist und streicht über ihre zerzausten Haare. Dann lächelt Emily, aber mit ihren acht Jahren weiß sie nicht, dass das vielleicht Glück ist.

Aber das bleibt nur eine Geschichte. Ich kann Emilys Leben auch noch ganz anders sein lassen, wenn ich nur wieder eine Variable verändere. Denn: In einer Geschichte geht das so erschreckend leicht.

Josephine von Blueten Staub ist 1993 in Magdeburg geboren. In der Grundschule hat sie das Schreiben gelernt und seitdem nicht mehr damit aufgehört. Seit 2013 ist sie in der Poetry Slam-Szene aktiv. Sie arbeitet und lebt in Leipzig, wo sie 2017 die Stadtmeisterschaft gewann. Neben ihrem Dasein als Autorin und Bühnenpoetin organisiert und moderiert Jo-

sephine Veranstaltungen und gibt Poetry Slam- und Schreib-Workshops. Sie hat einen mittelmäßigen Humor, aber eine starke Pollenallergie.

»Der Text ist aus einem ›Was wäre, wenn‹-Gedanken entstanden. Ich hatte damals eine kleine Sinnkrise und versank lieber in Selbstmitleid, als etwas an meiner Situation zu verändern. Heute weiß ich gar nicht mehr, was der Auslöser dafür war, vermutlich irgendein Streit, eine leidige Verpflichtung oder dringende Deadline. Um mir selbst Mut zu machen, fing ich an, aufzuschreiben, unter welchen Umständen meine Situation weitaus schlimmer sein könnte. Denn das ist das Besondere am Schreiben: Mit nur wenigen Worten erschafft man Lebenswelten und kann diese, im Gegensatz zur Realität, ebenso leicht verändern. Emilys Geschichte erinnerte mich an die Privilegien, die ich genieße, mit welcher Beliebigkeit mir diese zu Teil wurden, und relativierte meine Krise.«

Raclette

Sandra Da Vina

Ich habe mir ein Hotelzimmer gemietet, um darin zwölf Stunden lang sehr heftig zu raclettieren. Das ist diese Art von Luxus, die ich mir in der Winterzeit gerne mal gönne. Einfach mal raus aus dem stressigen Alltag und rein in ein 4-Sterne-Romantik-Hotel, den Koffer voller Dosengemüse und Schmelzkäse, im Rucksack ein 24-Pfännchen-Raclette-Set und unterm Arm den rostigen Tischgrill.

Mein Raclette ist noch original aus den 80er Jahren. An diesem Gerät klebt noch das kulinarische Vermächtnis meiner Vorfahren. Ein Poesiealbum aus Käse- und Fleischresten. Käse, dessen Milch aus einem Euter stammt, der noch in den späten 70ern über DDR-Land baumelte. Und darunter ein Raclette-Grill, der weiß, was er will. Der so viel Strom verbraucht, dass damit ein Tesla die Strecke Berlin-München viermal fahren könnte. Inklusive laufender Sitzheizung, dauerhaft angezogener Handbremse und einem angehängten Campingwagen.

Mit so einem 80er-Jahre-Raclette-Grill fliegt einem gerne mal die Sicherung raus. Mit meinem 80er-Jahre-Raclette-Grill fliegen dem Hotel an diesem Abend viermal die Sicherungen raus. Das sorgt für einigen Unmut, aber schließlich finde ich im Nachtschrank eine Steckdose, die es tatsächlich mit meinem Gerät aufnehmen kann.

Es kann losgehen.

Ich skizziere nun zunächst die drei Stadien des Raclettierens in chronologischer Reihenfolge:

Stadium 1: Die Vorfreude

Man ist einigermaßen aufgeregt ob der nahenden Nahrungszufuhr. Noch findet man großen Gefallen an dem reichen Speiseangebot und klatscht entzückt in die Hände über den bereitgelegten Käse. Wenn man in Gesellschaft ist, sagt man Dinge wie: »Ach, das wird fein. Ich habe heute extra noch nichts gegessen« und meint damit, dass man extra noch nichts gegessen hat, außer sieben Nutella-Broten, einem Döner, drei Bananen und dieser Scheibe Mortadella-Wurst, die einem beim Metzger zugesteckt wurde, weil man sich wieder so verdammt kindisch benommen hatte. Jedes Mal.

Stadium 2: Das heftige Raclettieren

Der Grill ist warmgelaufen und die ersten Pfännchen sind im Game. Jetzt ist der Rest magic. Der Anblick einer würzigen Raclette-Käse-Scheibe, wie sie im gelbroten Licht der Heizstäbe zu schwitzen beginnt, um sich schließlich, gleich einem hautengen Satinoberteil, um den Körper der darunter befindlichen Dosenerbsen zu schmiegen. Daneben eine Anhäufung vorgegarter Kartoffeln an Ananas-Kochschinken-Tartar mit leichter Pfeffer-Note.

Dazu zwei bis siebzehn Gläser Rotwein, die eine unerwartete kulinarische Experimentierfreude in einem entfachen. Wie ein verrückt gewordener Fernsehkoch beginnt man damit, wild Zutaten zusammenzuwerfen. Irgendwann raclettiert man alles, was vom Sitzplatz aus bequem erreichbar ist und nicht atmet. Auf diese Weise verschwinden vier Korkuntersetzer.

Stadium 3: Die Reue

Man ist am Ende, körperlich und mental. Die letzten 17 Pfännchen waren zu viel. Man hätte vor zwei Stunden aufhören sollen, man hätte nie anfangen dürfen. Schon beim Wort »Raclette« rumpelt es gefährlich in der Magengegend. Man hat an diesem einen Abend so viel gegessen wie im gesamten Monat Mai nicht. Und ich spreche vom Mai 2014, als ich mehrere Cevapcici-Wettessen und drei All-You-Can-Eat-China-Buffets besucht habe, und das an jedem Dienstag.

Kurz gesagt: Nach Stadium 3 passiert nicht mehr viel. Außer letztes Jahr. Da habe ich überraschenderweise Stadium 4 erreicht. Aber darüber möchte ich jetzt hier nicht sprechen.

Dieses Jahr mache ich alles richtig. Ich sitze also in diesem Doppelzimmer und raclettiere mir einen weg, dass die Wände nur so scheppern. Die Fensterscheiben beschlagen von innen, am Fernsehbildschirm laufen kleine Kondenstropfen hinunter, sodass es so aussieht, als würde Emily bei »GZSZ« sehr doll weinen. Tatsächlich weint Emily wirklich sehr doll, dann sieht es aber jetzt so aus, als würde Emily sehr doll weinen und sehr doll schwitzen. Darin sind wir uns sehr ähnlich. Ich habe nur noch meine Unterwäsche an und fühle mich reichlich sommerlich. Im Raum hat sich eine Menge Rauch versammelt. Draußen hat irgendjemand die Feuerwehr gerufen. Das Hotel muss vermutlich sehr sorgfältig renoviert werden. Ich bin satt und glücklich.

Später werde ich sehr gut schlafen. Vielleicht wache ich pünktlich zu Weihnachten wieder auf, wenn ich fertig bin mit dem Verdauen. Und dann wünsche ich mir nur eins: ein schönes Romantik-Raclette-Wochenende. Und neue Korkuntersetzer.

Sandra Da Vina lebt und arbeitet in Essen. Seit 2012 ist Da Vina auf den deutschen Literatur- und Comedy-Bühnen

unterwegs. Sie gewann 2014 die NRW-Landesmeisterschaften im Poetry Slam. Derzeit ist sie mit ihrem Soloprogramm auf Tour. Nach »Sag es in Leuchtbuchstaben« (2014) und »Hundert Meter Luftpolsterfolie« (2016) ist »Vom Kuchen und Finden« (2018) bereits ihr dritter Erzählband, der im Lektora Verlag erschienen ist.

»Ein Text über eines meiner größten Hobbies: das Raclettieren. Nichts hält einen im Winter so gut warm. Der einzige Nachteil: Nach dem Raclettieren riecht die ganze Wohnung noch für Jahre nach Schmelzkäse. Ich musste in meinem Leben deswegen schon dreimal umziehen. Jetzt habe ich endlich die Lösung gefunden. Eine große Empfehlung von meiner Seite: Raclette-Urlaub!«

Scheitern ist okay
Stefan Dörsing

Kennst du das Gefühl,
wenn einen der Tau weckt,
es scheint so unwirklich
und unnahbar,
wie wenn man
in einem Traum steckt.

Kennst du das Gefühl,
wenn man dich wachküsst
und dabei krass rülpst?
Wenn man dir zuwinkt,
zulacht und ein bisschen für dich weint,
wenn du denkst: »Geil!« und dann merkst,
ach Scheiße, ich war ja gar nicht gemeint.
Wenn du das fünfte Rad am Wagen bist
und dann ist's ein Motorrad – so'n Mist,
so'n Wix – sagt das letzte Taschentuch,
während ich nach Zewa such.

Du fühlst dich
wie ein überquellender Aschenbecher.

Seit heute schneidest du Wurst
mit dem Taschenmesser.
Dein Mund ist trocken
wie ein verschissener Rotwein,
dein Gemütszustand zwischen
Depression und Koks-Line.

Rausgehen und Aufstehen
ist seit Wochen nichts für dich,
sondern nur für Anfänger.
Die Pizzakartons in deiner Wohnung
fährst du morgen weg,
mit dem Anhänger.

Dein Achselschweiß bildet
schon einen Sud – gut,
seit gestern zitterst du nicht mehr,
seit gestern twitterst du nicht mehr,
was du ausschließlich machst, ist
masturbieren, im Bett liegend,
youpornliebend.

Du bist mal wieder gescheitert.
Zum zehntausendsten Mal
bei der selben verfickten Stelle
bei Super Mario.
Und danach bei deiner Freundin.
Zu früh kommen ist wie zu spät gehen.
Scheiße.
Du bist mal wieder gescheitert.

Vielleicht zu Recht.
Vielleicht mit Pech.
Wer weiß das schon.
Was ich weiß, ist –
Es ist echt,
nur weil du es verkackt hast,
heißt es ja nicht: »Du bist schlecht.«

Dies ist ein Text für den Moment,
wenn du scheiterst.
Für den Moment,
wo es mal wieder nicht gereicht hat.
Wenn du alles gegeben,
es ging trotzdem daneben
und es danach zum
zehntausendsten Mal leid warst,
ein Text für den Moment
nach dem Moment.
Wenn Realität und Wunsch
zur Wahrheit zerfließen.
Wenn aus dem Scheitern
tränendicke Gefühle sprießen.
Wenn dein Traum zerplatzt,
dein Gaum', der kratzt.
Wenn dick und fett auf deiner Stirn steht:
»Ich hab verkackt.«
Wenn du nicht wissen willst,
wenn du in dein Kissen Tränen pissen willst.

Wenn diese Ohnmacht, die doof macht,
dich nicht loslässt, weil sie sich so groß macht.

Ohh, fuck – dieser Moment,
er ist wunderschön.

Wie
ein rostiger Nagel
in deinem Knie.

Auf der einen Seite tut er weh,
auf der anderen Seite – tut er weh,
und die ganzen Spackos, die
danach zu dir kommen
und sowas sagen werden wie:
»Hey, du warst nicht schlecht,
du warst einfach nicht gut genug.«

Ich sag – drauf geschissen!
Ich mein, die ganzen Frauen,
die danach zu dir kommen
und dich trösten werden,
das ist doch toll – das ist doch auch was.
Sollen doch die anderen gewinnen,
die Hurensöhne.

Gewinnen ist einfach, verlieren nicht.

Also steh auf,
geh raus
und scheitere.

Prinzipiell auch an einfachen Dingen.
Gurkeschälen zum Beispiel.

Was weiß ich, wie man eine Gurke schält.
Scheiß Gurke.

Scheitere an Dingen,
wo sich das Scheitern auch lohnt.
Papst werden zum Beispiel.

Scheitere, wie noch nie jemand
vor dir gescheitert ist,
Scheitern ist der hippste Scheiß
seit Rhabarbersaftschorle.
Das hier ist ein Text für jeden,
der grundsätzlich nur Nieten zieht,
für die, die entsetzlich verlässlich
Liebesbriefe schrieben,
aber nur unendlich hässliche
Verschwiegenheit kriegen.

Das hier ist ein Text für jeden
nach Trost suchenden und rufenden,
nach Frust riechenden und kriechenden Griechen,
für jeden, der scheitert und dabei gefällt,
für jeden, der reihert und weiter bestellt.

Scheitern ist völlig okay.

Warum sollte es nicht erlaubt sein, zu scheitern?
Dann dürfte ja sterben auch nicht erlaubt sein.
Sterben ist nur eine sehr extreme Form vom Scheitern.
Scheitern ist okay.

Also Zucker auf dein Haupt
und Asche in dein Grab,
dass es zu dei'm Geburtstag
nur 'ne Maultasche gab –
gut, ist schon ziemlich whack,
aber Wut hinterlässt
im Herzen ein Leck.
Das war noch nie eine Lösung,
wie Crack,
aber immer ein Mittel,
man muss sich halt ausdrücken,
hat man 'nen Pickel.

Also schrei raus,
wein laut,
mach dich bemerkbar!

Scheitern
ist wunderschön
und du
hast jedes Recht dazu.

Stefan Dörsing ist Slam Poet, Moderator & Beatboxer.

Er war Teil des legendären Poetry-Slam-Teams »Allen Earnstyzz« und erreichte diverse Titel und Auszeichnungen. Seit 2017 studiert er Eventmanagement und ist als freier Mitarbeiter für den DeutschlandFunk Kultur tätig. Er zieht oft um und kann Handstand.

»Ich hoffe, dass sich alles Wesentliche, was man zu dem Text wissen muss, aus dem Text selbst ergibt ...«

Eine Absage

Johannes Floehr

Ich schrieb:

»Tach Luke, du, ich muss dir leider schnell für heute Abend absagen. Ist ein bisschen kurzfristig, ich weiß, aber immerhin habe ich jetzt keine Larifari-Ausrede wie ›Mein Wellensittich hat Schnupfen‹ oder ›Ich muss meinen neuen Teppichklopfer ausprobieren‹, nein, sondern, pass auf: Der Grund für meine Absage ist ein schöner. Ich saß vorhin auf der Parkbank, wie immer so halb-rauchend, halb-nachdenkend, so wie ich mir halt so Zeit und Angst vertreiben will, wobei das ja gar nicht so gesund ist, dieses ständige Nachdenken, denn es ist ja so: In den Momenten, in denen man am wenigsten nachdenkt, da fühlt man sich oft am besten – denk da mal drüber nach! Jedenfalls sprach mich dann da so eine junge Dame an, sie hatte viel Gepäck unter ihren dünnen Armen und dann hat sie mich gefragt, ob ich mit ihr zu einem Musikfestival in den Osten fahren würde. Sie hätte da eine Karte übrig und würde lieber einen Typen wie mich mitnehmen und kennenlernen, als da jetzt alleine hinzufahren. Und ich bräuchte auch kein Zelt oder sonst etwas mitzunehmen, das bekämen wir schon hin, ich würde ihr schon kein Kind machen, wären ja auch nur drei Tage – alles kann, nichts muss! Ich solle mich einfach nur entspannen, hat sie dann gesagt, und das fiel mir schwer, denn ich glaube, da hatte ich mich aus Versehen schon ein bisschen in sie verliebt oder wie man das sagt, wenn man sich tatsächlich und ehrlich für jemanden interessiert. Gefühle sind was ganz Feines, kann ich jedem nur empfehlen. Aber dann hatte ich dich im Kopf und heute Abend, man sagt ja ungern so spontan ab, ich zumindest nicht, ich stehe stets zu meinem Wort, sollte ich auch, bin ja schließlich Schriftsteller, haha! (Kleiner Scherz.) Übrigens, lustiger Zufall auch: Bei diesem Musikfestival da spielt übermorgen diese eine norwegische Folkband, die du mir neulich mal empfohlen hast. Ich habe mir die ja ehrlich gesagt noch nicht angehört, aber ich höre die ja jetzt auf diesem Festival und wir können dann ja demnächst vielleicht mal zusammen bei einem schönen Wein die CD oder Schallplatte davon hören, aber nicht heute Abend, denn, wie du dir vielleicht schon erschlossen hast, habe ich dem Mädchen zugesagt. Auf der Suche nach dem Guten im Leben muss man auch mal spontan sein! So wie es diese junge Dame ja jetzt auch war. Ihr wurde offenbar abgesagt – haha, wie dir jetzt! Eigentlich läuft es ja immer so. Entweder man sagt ab oder man sagt: Na gut! Und jetzt habe ich eben na gut gesagt, jetzt kreuzen sich die Wege des Mädchens mit meinen, finde ich auch ehrlich gesagt gar nicht so schlimm, der alte Tattergreis namens Zufall macht offenbar nicht immer nur Scheiße, sie scheint auch wirklich prima zu sein, gut aussehen tut sie wie gesagt auch. Ich würde dir ja jetzt gerne ein Foto senden, damit du siehst, dass es okay ist, dir für sie abzusagen, aber einerseits käme das bestimmt seltsam rüber, wenn ich ihr sagen müsste, ich wolle ein Foto von ihr machen, um dir zu zeigen, dass sie gut aussieht, und andererseits habe ich nur so ein ganz altes Handy, noch nicht mal Smartphone, da kann man gar keine vernünftigen Fotos mit machen. Nur so eine olle Einskommairgendwasmegapixel hat das Gerät, da kommt ihre Schönheit gar nicht rüber, da kann man im Prinzip gar nichts drauf erkennen. Apropos Fotos, auf denen man gar nichts erkennt: Ich stelle mir ja immer ganz gerne vor, wie jemand bei einer UFO-Sichtung sagt: ›Ah! DA! Ein Ufo! Das glaubt uns keiner! Schnell, Heinz, hol die schlechteste Kamera, die du finden kannst!‹ Schließlich kann man auf diesen UFO-Sichtungsfotos nie ein UFO oder generell irgendwas außer Pixelbrei erkennen, aber vielleicht gar kein so passender Einwurf, wir reden hier ja nicht von UFOs, sondern mehr von einer USO: einer unverhofft spontanen Offerte. Ach, und Marie heißt sie, habe ich noch gar nicht erwähnt, Marie, ein sehr schöner Name, ich habe immer sehr gute Erfahrungen mit Maries gemacht, da galt eigentlich immer: netter Kontakt, gerne wieder! Und vielleicht ergibt sich hier ja jetzt auch noch etwas Zwischenmenschliches, ich will da jedenfalls nichts ausschließen und von vornherein nein sagen, wer will schon ein notorischer Neinsager sein. Neinsager haben meistens einfach nur Angst. Neinsager sind trieblose Vagabunden im eigenen Teufelskreis. Wobei natürlich auch jene, die immer gleich ›JA!‹ rufen, ziemliche Honks sein können, man muss zwischen Ja und Nein immer gut abwägen, da ist es wie in unserer Gesellschaft: Die Mischung macht's, oi oi oi! Ich bin ja im Grunde ein Joa-Sager, ein Jein-Sager, ein Müssen-wir-mal-sehen-ich-sage-dir-kurzfristig-Bescheid-oder-vergesse-es-

Sager, nur jetzt hier bei der Marie, da musste ich natürlich ein Jasager sein, das halbe Festival wird mich um ihre Gesellschaft beneiden: Oh, schaut mal dort, die Rothaarige mit den Sommerprossen, hui! Und nur ich werde bei ihr im Zelt übernachten – wobei, vielleicht fragt sie ja auch noch drei weitere Leute, das Zelt kann ja auch riesengroß sein –, aber nein, so schätze ich meine Marie nicht ein! Alles wird gut und übermorgen, wenn es vielleicht leicht regnet, dann stehen wir barfuß bei Sonnenuntergang im Publikum bei dieser norwegischen Folkband und geben uns schüchtern den ersten Kuss und dann – na gut, den Rest meiner Fantasien erspare ich dir, nicht aber noch einmal die Quintessenz dieser Nachricht: Tut mir leid, ich kann heute Abend nicht, tschüss und hau rein.«

Ein schlechter Freund würde auf diese Absage beispielsweise so reagieren: »Yeah, Johannes, alter Puddingklotz, viel Spaß im Osten, du sehr geiler Typ! Und rothaarig ist sie? Dann denke immer an den Spruch: ›Je rostiger das Dach, desto feuchter der Keller‹. Zwinker, zwinker!«

Ein guter Freund würde jedoch das Folgende darauf antworten: »Ach, Johannes, was ist denn los. Ich kenne dich doch, du hast nicht auf einer Parkbank herumgesessen, das Mädchen gibt es auch nicht, außerdem ist es Februar, es finden noch gar keine Musikfestivals statt. Wieso sagst du schon wieder ab? Geht es dir irgendwie nicht gut? Pass auf, wenn du reden willst, ich bin innerhalb einer Stunde da. Und lass dich nicht immer so hängen.«

Und darauf würde ich dann antworten: »Jo. Komm um acht. Und bring eine Flasche Wein und Musik von dieser norwegischen Band mit.«

Abschließend würde ich dann noch dieses eine, immer sehr wichtige Wort sagen: »Danke.«

Johannes Floehr.

»Fremde Texte erliest er fließend, geübte Texte werden von ihm sprach- und sinngestaltend vorgetragen. Er erzählt und schreibt Erlebnisse und Ge-

schichten in gut formulierten Sätzen, sie sind ideenreich und gut zu lesen. In der Rechtschreibung ist er schon sehr sicher. Seine Schrift ist klar gegliedert und gut lesbar, er schreibt die Buchstaben form- und bewegungsgetreu und schön.« (Zitat vom Zeugnis nach der ersten Grundschulklasse)

Mehr unter www.johannes-floehr.de.

»Die Idee zu diesem Text kam mir im Zug von Worms nach Herne, weil ich für den spontanen Auftritt im Herzen des Ruhrgebiets einem Freund absagen musste. Den Slam am Abend habe ich mit dem Text entweder gewonnen oder nicht gewonnen. Ist ja auch egal. Jedenfalls finde ich den Text immer noch ganz gut. Was sonst noch so erzählen hier? Hm. Gestern schrieb ich in mein Notizbuch die Frage, ob ein Haus hochfliegt, wenn man auf dessen Dach ganz viele Ventilatoren stellt. Wenn sich da jemand auskennt, gerne melden. Ich meine, der erste Gedanke ist ein klares Nein, aber WISSEN wir das? Können wir uns da sicher sein?«

Letzte Rechtfertigung

Sven Hensel

hey du,
ich glaube, ich muss mit dir reden, weil
ich glaube, du ignorierst mich jetzt schon länger, und
ich glaube, ich will das nicht,
ich glaube, ich finde das scheiße,
und außerdem glaube ich, dass
ich unsicher bin.
ich weiß nicht,
vielleicht ist das Beispiel jetzt peinlich,
ja, du hast es eilig und eigentlich eignet sich
Reden zum Klären von jeden Querelen,
aber das Modale jetzt mal beiseite.
hier kommt mein Monolog,
mit was ich meine,
was ich bin.

ich bin
die Hinterkopfgedanken
des Rebells, der pubertiert.
ich bin die Neugierde und Angst
in ein Gefühl reinkomprimiert.
ich bin der Puls, der durch die Schläfen
jedes Elternteiles flackert,
ich bin das Wort unter der Zunge,
das sich an sie klammert und klammert und klammert,
klammert und klammert und klammert,
klammert und klammert und klammert,
klammert und klammert und klammert
und nicht rauswill.
ich war auch still,
doch ich nehme die Pflicht, zu schweigen,
weil ich dir nicht pass, nicht ernst,
und weil ich auch nicht länger leiden kann
und will, mach ich hier Terz.

ich bin ein ausgezeichnet trainierter Würgereflex,
weil ich das Schlucken gelernt hab,
jetzt ist es an der Zeit, zu brechen,
und das nicht, weil ich es gern mach.
ich hier bin kein Hilfeschrei,
kein Zweifeln, ich bin Output,
ich bin gebürstet auf Krawall
und das einfach, weil es rausmuss.

was ich bin, ist nicht therapierbar.
ich hab Durst nach etwas Vielfalt,
ich bin satt vom Unsichtbarsein,
das Maß ist voll, ich fordre Klarheit,
trink ruhig aus, mach dich bereit,
denn was ich sag,
klingt für dich sicher nach Blödsinn.
ich glaube, dass ich schön bin.
zumindest möcht ich schön sein,
von head and shoulders,
knees and toes, knees and toes,
so brillant, als wär ich Söhnlein.
denn ein Sohn kann ich nicht sein,
weil ein Mann nunmal nicht schön ist,
vielleicht handsome, doch nicht handzahm,
er sagt eigentlich nur Blödes.

aber ich bin kein degenerierter Gendefekt,
ich bin akzentuiertes Menschenrecht,
ich bin kein Fehler in der Matrix,
ich bin farbenfroh wie Batik,
ja doch, wer ich bin, den mag ich,
deshalb steh ich hier und sag ich:
ich bin das schöne Bauchgefühl,
das aufkommt, für gewöhnlich,
wenn ich sag, von Zeit zu Zeiten,
dass mein Bauch ganz einfach schön ist.
mit jeder Fettspalte und Speckfalte,
und jedem einzelnen Härchen.
ich bin nicht wunderbar,
ich bin ein Wunderbärchen!

ich bin ein Knuddelbär,
ich bin der Charminbär,
ich bin Winnie the Top und Christopher Bottom.
ich bin fabulous und kann trotzdem rocken.
ich hab 'nen Knick im Handgelenk
und du ein' in der Optik,
du hältst mich für verkehrtherum?
ich halt dich für'nen Stockfisch.

ich bin klobig und grazil,
ich bin top, bottom, versatil,
ist deine Männlichkeit fragil,
antworte ich dir *c'est facil*.
Schönsein ist leicht, drum sage mir,
wann wird einem Mann attestiert,
dass ein Mann ein Mann ist,
Herbert Grönemeyer?

ich bin eine Frage ohne bequeme Antwort.
und obwohl mein Bauch bequem ist,
gelobe ich, es nicht zu sein,
und weiterhin, dass ich mich toll find.
ich glaube, dass ich stolz bin.
zumindest will ich stolz sein dürfen,
auf was ich bin und ich will Frohsinn,
scheiß auf Schämen, ich will Würde.

ich bin Orlando,
ich bin die Stonewall,
ich bin die Christopher Street,
ich bin die Flagge, die keine Nation kennt,
die nur auf Halbmast hängen darf,
die so viel mehr in ihrem Ozon trägt
als Blau und Pink.
jedes schlaue Kind malt mit meinen Farben
das eig'ne Firmament,
doch es verfinstert, wenn
die Brüder, Schwestern und Geschwister
in Russland, Indien, Qatar
nicht existieren dürfen,
weil irgendwelche Leute irgendwelche Bücher
über Liebe gelesen haben und sagten:
»hm. ja, schon, aber nicht ganz.«

ich bin das illegale Blut,
das ich meinen Brüdern nicht schenkenspendengeben darf.
obwohl sie am Verbluten sind,
weil ich unter Generalverdacht stehe.
Ich bin Paragraph 175,
dessen Opfer immer noch als Straftäter gelten,
und statt auf Rehabilitation,
wartet man auf:

»Muss ich mich jetzt wirklich darum kümmern? Haben wir nichts besseres zu tun in unserem Land mit den ganzen Obdachlosen und der Rente und der Steuer, und überhaupt, können die mit ihrem HullalaHulla nicht mal gepflegt wegsterben gehen? Und die sind doch so gepflegt, wie gepflegt die eigentlich immer sind!«

das sind Gründe, warum du schwankst,
doch das ist mein Abschied an die Angst.
ich bin keine Sünde, kein Schimpfwort,
keine Pointe und keine Diagnose.
ich bin Kerzenwachshände, die zu Hunderten
auf einem Fest der Liebe zeremoniell schweigen,
wenn es zu feiern gilt,
mein Leben
ist die Summe aller Schweigeminuten,
das erst dann aufhört,
wenn es keinen Grund mehr zum Schweigen gibt.

einer von uns beiden ist verkehrtrum,
aber wir sind beide richtig,
was ich bin, ist nicht therapierbar,
denn man kann keinen heilen,
der niemals kaputt war,
und so stehe ich vor dir als ein stolzer Mann.
und ich glaube, dass ich laut sein kann.
scheiße, bitte guck mich an,
ich bin der Aufruhr im Verschweigen,
ich bin die Provokation der Monotonen
zur Selbstreflektion und zu Dialogen.
du bist nicht das Problem, mein Freund,
du bist kein Feind, doch bitte kapier,
du bist auch nicht Teil der Lösung,
wenn du jetzt kapitulierst, also:
Say it loud, say it clear,
say it proud and say it queer!

ich meine, hör mich an und guck dich um,
wie heiß der Brei ist, um den ich rede,
dass du dich nicht outen willst,
bringt uns beide in diese Misère.
schmecke den Stirnrunterlaufangstschweiß,
der uns beide dereinst verband,
und schau mich nicht so ängstlich an,
ich bitte dich, verunsicher mich nicht,
denn ich bin ab jetzt im Widerstand,
ich habe keinen Bock mehr!

auf Zungenklammerworte,
auf Sichversteckensorte,
auf Hinterkopfgedanken,
auf Selbstbeschreibungsschranken, denn
ich bin schön.
ich bin stolz.
ich bin laut.
ich bin mutig.
ich bin gut, wie ich bin,
und ich sehe nicht ein,
warum ich es nicht sein sollte,
sage ich meinem Spiegelbild.

und ich glaube,
ich glaube mir ab heute.

Sven Hensel, liebevoll die »wortgewordene Energydose der Slamszene« genannt, ist Spoken-Word-Artist, Slam-Poet, überhaupt netter Typ und eines der umtriebigsten Jungtalente der letzten Jahre. Seit 2014 trat er bei über 700 Spoken-Word-Veranstaltungen in Deutschland, Öster-

reich, der Schweiz und Belgien auf – Tendenz steigend. Seitdem folgten jährlich erfolgreiche Meisterschaftsteilnahmen, 2015 wurde er U20-NRW-Meister im Poetry Slam.

Im echten Leben studiert er manchmal Germanistik, arbeitet im queeren Jugendzentrum Sunrise Dortmund und wohnt in Bochum. Im Februar 2017 erschien sein erstes Buch »Aufhause – von Zugvögeln und Fernverkehrern« im Lektora-Verlag.

»Die ›Letzte Rechtfertigung‹ schrieb ich 2016 nach einem wunderschönen CSD-Wochenende in Hamburg, an dem mir Selbstliebe, für was ich bin, vorgelebt und beigebracht und ich für wer ich war gefeiert wurde.

Als queerer Mensch in einer nicht-queeren Gesellschaft hab ich früh gelernt, Facetten meines Seins zu Verstecken, aus Angst vor Ablehnung. Dieser Text stellt ein Selbstgespräch dar, das in einem Aufbruch mündet; denn Rechtfertigungszwang für das eigene Verhalten, lass es Intonation, Handbewegungen oder den eigenen Sex sein, geht nicht von allein weg, außer du setzt dich damit auseinander. Das tat ich, und raus kam diese Hymne aufs Queersein. Ich hoffe, sie hilft nicht nur mir bei der Auseinandersetzung.

Also, danke Hamburg! Und danke Thea! <3«

Eine Reihe dreister Falschaussagen

Elias Hirschl

Guten Tag. Ich bin hier, um mich für den Job zu bewerben. Ja, für genau diesen Job! Den guten Job! Ich möchte, dass Sie mir den guten Job geben! Nicht den Halbguten, nicht den ganz Okayen, sondern den Guten! Ja, den guten Job möchte ich haben! Den an oberster Stelle! Den, von wo aus man alles bestimmen kann! Genau den! Ich bin reich an Referenzen und in mir schlummern viele Talente. Manchmal sind sie auch wach. Ich bin perfekt geeignet für die Art von Job, die Sie bereit sind, mir zu geben. Welcher es auch ist, ich bin Ihr Mann dafür. Oder Ihre Frau. Ich kann alles sein! Je nach Job. Brauchen Sie einen Sekretär? Ich bin Ihr Sekretär! Brauchen Sie einen Auftragsmöder? Ich bin Ihr Auftragsmörder! Brauchen Sie einen Wagenheber? Ich bin Ihr Wagenheber! Brauchen Sie eine Schwanzverlängerung? Ich bin Ihre Schwanzverlängerung! Brauchen Sie einen Einlauf? Ich bin Ihr Einlauf! Brauchen Sie einen Tampon? Ich bin Ihr Tampon! Brauchen Sie einen schlimmsten Alptraum? Ich bin Ihr schlimmster Alptraum! Ich sehe, Sie verstehen das Konzept ungefähr. Nehmen Sie mich! Ich bin jung, habe volle Zähne und blendend weiße Haare! Ich bin geputzt von unten bis oben! Ich bin nicht nur gut, nein, ich bin perfekt, wenn Sie's genau wissen wollen. In jeglicher Hinsicht. Ich bin über zwei Meter groß und kann diese Größe auch nach Belieben variieren. Ja, ich kann sogar ein Eierschwammerl sein! Wollen Sie, dass ich ein Eierschwammerl bin? Ich bin Ihr Eierschwammerl!

Ich bin artig und kleide mich stets wohl! Ich habe extra für heute mein bestes Kordhemd angezogen! Na gut, nicht mein bestes Kordhemd, aber eines meiner besten Kordhemden. Na gut, ein ganz okayes Kordhemd. Na gut, mein einziges Kordhemd! Na gut, es ist mein einziges Hemd! Na gut, es ist überhaupt mein einziges Kleidungsstück, wenn Sie's genau wissen wollen. Es ist mein einziges Besitztum! Na gut, es gehört nicht einmal mir, ich habe es von einem Freund ausgeborgt. Na gut, ich habe gar keine Freunde, ich habe es im Laden gestohlen. Na gut, ich habe es auf der Straße gefunden. In einer Mülltonne, okay?! Ich habe es in einer Mülltonne gefunden. Na gut, ein Penner hat es in einer Mülltonne gefunden und es mir geschenkt, weil ich so erbärmlich aussah. Und seitdem trage ich es mit mir herum. Seit einem Jahr. Na gut, seit 10 Jahren! Na schön, seit meiner Geburt! Ich trage es seit meiner Geburt! Na schön, ich trage es überhaupt nicht! Ich trage gar kein Hemd, wenn Sie's genau wissen wollen! Ich bin nackt! Ich kann das nur ziemlich gut verheimlichen, da sich meine Brustbehaarunng derart ineinander verwoben hat, dass sie nun wie ein Hemd aussieht. Aber de facto bin ich nackt. Und nackt wie Gott mich schuf, stehe ich nun vor Ihnen und gestehe Ihnen meine Sünden.

Na gut, ich wurde gar nicht von Gott erschaffen. Ich wurde überhaupt nicht erschaffen, wenn Sie's unbedingt wissen wollen! Ich existiere gar nicht. Ich bin nur eine Figur, okay?! Eine literarische Figur! Aus einem Buch! Na schön, aus einer Kurzgeschichte. Na gut! Aus einem Poetry-Slam-Text! Herrgott nochmal! Wie sehr wollen Sie mich denn noch demütigen?! Ich bin eine Figur aus einem Slamtext, okay?! Wie tief kann man denn noch sinken?! Na schön, ich bin gar keine Figur aus einem Slamtext! Ich bin derjenige, der den Slamtext geschrieben hat, okay?! Ich bin Poetry-Slammer, wenn Sie's genau wissen wollen! Müssen Sie mir eigentlich auch noch mein letztes Hemd nehmen? Obwohl ich, wie gesagt, gar keines besitze.

Ich bin Slam-Poet! Ich bin ein Hirschl. Ein kleiner erbärmlicher Hirschl! Ich bin ein Meta-Autor, der sich selbst in seinen Text einbaut. Ich bin jemand, der einen »Hey, es ist schön hier zu sein, in... [schaut auf seine Handinnenfläche und sagt den Namen der Stadt, in der er sich gerade befindet]«-Witz macht! Jemand, der seine privaten Probleme auf die Bühne trägt, um sich dann selbst unter den strafenden Blicken des Publikums einer fehlschlagenden Psychotherapie zu unterziehen. Ich bin jemand, der nicht zugeben will, dass er keine Idee hatte, und deshalb darüber schreibt, dass er keine Idee hatte. Das elendigste Stück Scheiße, das diese Welt überhaupt hervorbringen kann. Ich bin der jämmerlichste Dichter der Welt, der sich jetzt auf der Bühne auch noch selbst niedermacht, um Mitleid von den Zuschauern zu ergattern, die sich in diesem Moment einfach nur noch unwohl fühlen und bereuen, überhaupt hierhergegangen zu sein. Das bin ich nunmal, okay?! Genau das bin ich und nichts weiter!

Okay, ich hab den Text gar nicht selber geschrieben! Ich habe Donald Trump dafür bezahlt, dass er ihn mir schreibt! Mit Geld habe ich ihn bezahlt, damit er mir einen Text schreibt, den ich dann als meinen ausgeben kann, okay?! Wie ein billiger Lügner habe ich ihn mit Geld bezahlt, um selbst besser dazustehen. Na schön, ich habe ihn nicht mit Geld bezahlt. Ich habe ihn mit etwas anderem bezahlt. Aber darüber möchte ich öffentlich nicht sprechen, um sein Image nicht zu schädigen. Aber er mochte es, das kann ich euch sagen. Oh ja, er hat es genossen, als ich ihn bezahlt habe. Und deshalb ist es umso seltsamer, dass das hier im Text steht, weil er ihn ja geschrieben hat, weil ich ihn ja dafür bezahlt habe. Ohne Geld. Aber ich habe bezahlt. Mit meiner Liebe! Ja, wahrlich mit meiner Liebe habe ich bezahlt! Und er hat es genossen! Genossen hat er es! Ich bin eine Slamhure! Ich verkaufe mich für schlechte Texte! Ich tätowiere mir meine eigenen Texte in Spiegelschrift auf die Brust, damit ich sie zuhause vor dem Spiegel lesen kann! Dann nehme ich meine eigene Stimme auf Band auf und höre sie mir an und bekomme dabei einen kollektiven Orgasmus! Ich bin der Abschaum der Slamily! Der drogensüchtige Cousin. Ich bin der Onkel, den man auf dem Maturaball trifft. Ich bin der kleine weinende Punkt am Ende des Satzes. Wenn die Menschheit nur aus M.-Night-Shyamalan-Filmen bestehen würde, dann wäre ich The Village. Na gut, ich wäre The Happening. Na gut, Die Legende von Aangh, okay! Ich wäre die Legende von Aangh! Okay, das Buch zum Film von die Legende von Aangh! Okay, ich wäre das Buch zu einem Donald-Trump-Wahlkampfvideo. Na gut, ich bin Donald Trump! Jetzt ist es raus. Sind Sie jetzt zufrieden?! Haben Sie mich jetzt genug gedemütigt?! Jetzt wissen Sie alles über mich! Jetzt wissen Sie, was für ein erbärmlicher, geschmackloser, kaltherziger, gewissenloser, alter Bastard ich bin! Also geben

Sie mir endlich den Job als Präsident! Denn ich wäre perfekt dafür geeignet!

Elias Hirschl, 1994 in Wien geboren, ist Autor, Musiker und Slam-Poet. Seit zehn Jahren bespielt er mit seinen Texten auf Deutsch und Englisch Bühnen im In- und Ausland. Zuletzt verschlug es ihn im Frühling 2017 mit dem Musiker

Jimmy Brainless auf künstlerische Ostasientour durch Taiwan, China und die Philippinen. Hirschl ist Mitglied des preisgekrönten Slam-Teams »Somali Holztisch Seminar« und Mitbegründer der sicher ebenfalls preisgekrönt seienden Punkband »Heldenplatz«. 2014 gewann er die österreichischen Poetry-Slam-Meisterschaften und 2015 wurde er Dritter bei den Europameisterschaften in Estland. Musikalisch stand er mit verschiedenen Projekten regelmäßig im Finale des FM4-Protestsongcontests. Im September 2017 erschien sein bisher dritter Roman »Hundert schwarze Nähmaschinen«, welcher von der Darmstädter Jury zum Buch des Monats gewählt wurde. Im Frühjahr 2018 erschien seine Textsammlung »Glückliche Schweine im freien Fall« beim Lektora-Verlag.

»Die Grundidee zu dem Text war jemand, der viel zu hochtrabend und übertrieben über sich selbst spricht und schließlich dann doch nichts anderes will, als die Wahrheit über sich zu sagen. Aber was ist die Wahrheit in einem fiktionalen Text? Wer spricht in dem Text eigentlich? Die Figur spricht nicht, sie hat keinen Mund. Das Blatt spricht nicht, es hat keinen Geist. Ich spreche nicht, da ich den Text ja nicht jedes mal aus voller Überzeugung laut vortrage, wenn ihn jemand liest. Und wer bin ich überhaupt? Bin ich diese Zeichen hier auf dem Papier? Wohne ich in diesem Buch? Ich kenne ja nicht einmal meine Nachbartexte. Im Grunde spricht hier niemand. Im Grunde bin ich nicht vorhanden. Also ist jede Aussage in einem fiktionalen Text automatisch falsch, da sie von niemandem geäußert werden kann. Jede Aussage ist Fake News. Ergo kann ich nur Donald Trump sein.«

U. W. E.
Philipp Herold

Zwischen schummrigen Lichtern und Spiegeln in Holz
an den Stühlen vor der Spüle in der Wiege des Volks
wenn inmitten des Treibens, das der Abend erlebt
beim Trinken am Tresen manch Jahre vergehen
bei Williams Christ und Moskovskaya
Johnny Walker, Fernet Branca
sitzt unauffällig gleichzeitig ein Meister der Gescheiten
und doch meist scheinbar gescheitert ein Geist in dieser
   Kneipe
Ein Urgestein, trinkfest an die Theke gelehnt
in Gedanken vertieft, die das Leben erzählt
sein Brabbeln ist rar, sein Bierdeckel stolz
das müde Bestellen: ein Klopfen auf Holz
Er hat es längst aufgegeben, achtsam zu sein
vertraut nur seinem Klassiker: »Machs' mir noch ein'?«
Er sinnt so sehr in sich selbst, dass ich mich frag
ob er jemals jemand anderes war, bevor er hier saß
als ›Der Mann an der Bar‹?
Und heimlich frag ich mich sinnfrei beim Anblick dieses
   Geists
was ihn wohl hier hintreibt und wer das wirklich weiß?

Was vielleicht mit Kindern sei, Familie oder Freundeskreis
große Karriere, Einheitsbrei, Literaturnobelpreis?
Was ist deine Geschichte, lieber Mann an der Bar?
Schreibst du auch Gedichte? Kommst du auch nicht klar?
Lukas vermutet, du seist ein Geschichtslehrer in Rente
Jasper meint, du seist ein Handelsreisender mit Ente
Malte denkt, ehemaliger Fußballstar
der sein ganzes Geld verzockt hat
Ich glaube, gescheiterter Autor, unnahbar
weil du es zu schnell verbockt hast
lebst du von der Stütze der Theke
Gehaltsreste im Sprit ertrunken
Ideale gleichmütig am Grunde des Glases versunken
Gedanken über Gedanken über Gedanken über dich
Doch eines Tages, irgendwann
pack ich all meinen Mut zusammen
trink so viel ich will und kann
bin hackedicht und sprech dich an
Ich dreh mich zu dir um und frage etwas dumm
rüde, dilettantisch, viel zu früh per Du
doch du hörst mir scheinbar eh nicht zu
Drum rufe ich: »Ey Dude! Sag mal …
Was machst du eigentlich hier?«
Da drehst du dich um und sagst eindringlich zu mir:
»Hä? Du zerbrichst dir den Kopf über mein Leben
statt selbst mal klarzukommen und nicht so viel zu reden?
Mal ehrlich … Wasfaselsduhierdennso?
Legst Pathos in meine Geschichte
und kriegst doch selbst den Arsch nicht hoch
Du findest also, ich seh traurig und verkommen aus?

Du willst doch nur ein melancholisches Bild billig
    komprimieren
und ich sehe beklommen aus, weil es dir gelingt
dein schlechtes Gewissen in mich hineinzuprojizieren!
Also: Wieso sorgst du dich um mich?
Junge, komm mal klar!
Kümmer dich um dich!«
Ich gebe zu: Es braucht Güte und Respekt, um
    empathisch zu sein
und manchmal ist jemand vielleicht auch einfach gern allein
Nichts für ungut! Lass stecken!
Da nicht für!
Nimm mich ruhig in die Pflicht
aber dann gönn mir auch die Kür!
Denn mein nun fälliger Applaus
in Form von Magengeschwür
schwingt sich hinaus
mit deiner Wahrheit zur Tür
und erbricht sich vor deinem alten Haus
kotzt all deine weisen Worte wieder aus
und verhallt schon bald
verwundet, doch selig

Auf dich, Uwe!
Unten wird's eklig

Philipp Herold (Heidelberg, 1991) ist einer der facetten-
reichsten Slam-Poeten seiner Generation. Der gelernte Rap
MC und studierte Kulturwissenschaftler stellt sein künst-

lerisches Können
auf verschiedens-
ten Bühnen un-
ter Beweis – als
Autor, Perfor-
mer, Moderator,
Workshop-Dozent
und Raumfänger.
Er wurde zweifa-
cher deutschspra-
chiger Vizemeister im Poetry Slam: 2011 in Hamburg im
U20-Wettbewerb und 2016 in Stuttgart zusammen mit To-
bias Gralke als Casino Wetzlar im Team-Wettbewerb. Im
Jahr 2012 war er Ideen- und Herausgeber des ersten Teils
der Tintenfrische-Anthologie (Textsammlung junger Slam-
Poet*innen), 2014 erhielt er den Martha-Saalfeld-Förder-
preis. Im Herbst 2018 feierte er die Premiere seines ersten Soloprogramms »Kulturensohn« und die lang ersehn-
te Veröffentlichung seines Albums »Alles zu seiner Zeit«
(Lektora).

»Ein Gedicht für einen Typen, von dem ich glaube, dass
ich ihn in jeder Stadt, in jedem Dorf, in jeder Bar schon
einmal gesehen habe. Er und der letzte Schluck meines
Biers haben mich dazu bewegt, es zu schreiben.«

Was wäre, wenn

Björn Högsdal

»Stell dir vor, die Menschheit als dominante Art des Planeten hätte sich nicht auf Basis der Affen, sondern der Kängurus entwickelt!«, sagt Ole.

»Und dann?«, frage ich

»Dann hätten wir immer Beutel dabei und könnten verdammt hoch springen!«

Ole mag alternative Geschichte. Bei alternativer Geschichte geht es darum, wo die Geschichte anders hätte abbiegen können, um ein »Was hätte sein können?«, ein »Was wäre, wenn?«.

Auf Basis der Nacktmulle hätte sich eine Menschheit ohne die Krankheit Krebs entwickeln können, die ziemlich hässlich gewesen wäre. Würden wir auf Seepferdchen basieren, würden Männer die Babys austragen und auf einmal wäre Fürsorge so männlich wie Grillen oder die eigene Penisgröße über die Automarke zu kompensieren (ich fahre übrigens einen Fiat Panda). Lägen wir genetisch näher an den Bonobos als an den Schimpansen, würden wir jeden Konflikt weltweit mit Sex und Kuscheln beilegen können.

»Was wäre, wenn Christoph Columbus 1492 nicht Amerika entdeckt hätte und stattdessen wären 1491 haufenweise Indianer in riesigen Kanus gekommen und hätten Europa übernommen?«, frage ich Ole.

»Dann würde man heute als Sinnbild der Zerstörung des Planeten einen weinenden Franzosen nutzen. Und Autos hätten Aufkleber, auf denen stehen würde: ›Weissagung der Ostfriesen: Erst wenn das letzte Watt trockengelegt, der letzte Knick gerodet ist, das letzte Deichschaf gefangen ist, werdet ihr merken, dass man Mokassins nicht essen kann.‹«

Was wäre, wenn die Nazis den Krieg gleich gewonnen hätten, anstatt ihn erst verlieren und dann achtzig Jahre warten zu müssen, bis sie doch die Weltherrschaft übernehmen? Nach und nach. Land für Land.

Neulich war Ole fasziniert von der Vorstellung einer Welt, in der David Hasselhoff Diktator geworden ist anstatt Sänger und Schauspieler. Er behauptet steif und fest, dass es eine bessere Welt wäre.

Was wäre, wenn es Facebook schon im Zweiten Weltkrieg gegeben hätte? »Hitler just checked into Poland. Stalin gefällt das!«

Was wäre, wenn hier Krieg wäre und Menschen müssten fliehen? Wenn diese Menschen aus Baden-Württemberg oder Sachsen im friedlichen Syrien ankämen und die Presse sich dort darauf stürzen würde, dass die Vertriebenen Handys besitzen und wieso sie sich Marken-Klamotten wie die von Thor Steinar leisten können?

Stell dir vor, das Fernsehen wäre schon vor 500 Jahren erfunden worden! »Willkommen bei Bachelor UK, Heinrich VIII. ist immer noch auf der Suche nach einer Frau.

Bleiben Sie gespannt, für wen es als Nächstes heißt: ›Ich habe heute leider kein Henkersschwert für dich!‹«

Neulich habe ich meinem Sohn erzählt, dass es früher, in meiner Kindheit, kein Netflix gab, nur drei Sender. Panisch geweitete Augen seinerseits. Und dass die nicht mal den ganzen Tag Programm gesendet haben. Ein geöffneter Mund in ungläubigem Schrecken. Und dass keiner der Sender ein Kinderkanal war. Lippenbeben, eine Träne baute sich im Augenwinkel auf. Und wenn man eine Sendung verpasst hatte, dann konnte man sie nicht noch einmal sehen, solange sie nicht wiederholt wurde. Im diesem Moment stand mein Sohn stumm auf, nahm mich in den Arm und wir weinten gemeinsam über meine harte Kindheit.

Schwer war an dieser Kindheit auch die Angst, es könnte jederzeit Atombomben hageln, weil mit Ronald Reagan der mächtigste Mann der Welt ein sabbernder Wahnsinniger war. Kann man sich heute gar nicht mehr vorstellen.

»Stell dir vor, du hättest Star Wars nie gesehen!«

Ole schüttelt sich.

Es ist nie etwas Gutes, wenn Informationen nicht zugänglich sind oder wenn man sich neuen Wegen ängstlich verweigert. Was wäre, wenn wir uns nie geändert hätten?

Wahlrecht nur für weiße Männer ab einem gewissen Einkommen? Das haben wir immer so gemacht – und jetzt bitte nicht mehr reden beim Menschenopfer, das lenkt den Schamanen ab!

Auf diesem Neuland-Papyrus schreiben anstatt auf den bewährten Steinplatten? Nicht mit uns! Schriftsteller und Gelehrte muss man weiterhin an ihrem durchtrainierten Oberkörper erkennen!

Impfungen? Nein danke, wir glauben an natürliche Auslese und gegen die Miasmen hilft ein gutes Amulett der alten Frau von nebenan.

Und wenn das nichts hilft?

Dann verbrennen wir die alte Frau von nebenan.

Was wäre, wenn wir Kopf und Herz offenhielten? Auf beide hörten und nicht auf die Angst. Wenn wir nach vorne blicken würden und nicht auf ein vermeintlich besseres Hinter-Uns? »Was wäre, wenn?« ist nicht nur eine Möglichkeit, Geschichten zu erfinden, es ist auch eine, um Geschichte zu schreiben, ein besseres Morgen zu erdenken. Jede Entscheidung, die wir treffen, schafft eine neue Welt.

Björn Högsdal, geboren 1975 in Köln, aufgewachsen am Bodensee und in Schleswig-Holstein eine Heimat gefunden. Er schreibt Punchline-Prosa, kabarettistische Lyrik

und Satiren. Die Texte befassen sich mit der Absurdität des Alltäglichen, ebenso wie mit der Alltäglichkeit des Absurden, und sind Literatainment mit schwarzem Humor und Bühnentauglichkeit. Zwischendurch kann es zu Literatur kommen. Er ist mehrfacher Halbfinalist und Finalist bei den deutschsprachigen Meisterschaften des Poetry Slams, war mit seinen Texten im Fernsehen zu sehen und hat die Slamszene Schleswig-Holsteins aufgebaut und maßgeblich beeinflusst. Auch wenn er als zugezogener Lokalpatriot immer noch kein Plattdeutsch kann, hat er mit dem NDR zusammen die Poetry Slams op Platt ins Leben gerufen.

»›Was wäre wenn‹ ist nicht nur etwas, das mich als Geschichtenerzähler schon lange begleitet, sondern auch als Fan von Geschichte. Die Vorstellung, dass alles immer auch ganz anders hätte kommen können, war die Inspiration für diesen Text.«

Ein Date voller Hate

Harry Kienzler

Eines Tages denke ich, okay, es reicht,
wenn man mich mit einem Stein vergleicht,
hat der mehr Freunde, von Sex ganz zu schweigen.
Ich sollte mich mal wieder im Freien zeigen.
Vom Daheimrumsitzen wird mein Hintern fett,
ich such mir ein Date im Internet.

Zwei Jahre später und noch ein paar Stunden,
hab ich dann tatsächlich eine gefunden,
die sich mit mir trifft, und das in echt!
Ich denke: »Die Welt ist doch nicht so schlecht.«
Ich schau mir ihr Bild an, bin nicht mehr gechillt,
denn was ich auf dem Bild seh, ist wirklich wild.
Die Pupillen ihrer Augen sind Tore zu Nächten,
die sicher sehr viele gern mit ihr verbrächten.
Ihre Haare fallen wie flüssige Seide,
sie lächelt, als wüsste sie, wie sehr ich leide.

Der Tag ist gekommen, ich bereite mich vor,
schneid mir beim Rasieren vor Hektik ins Ohr,
kleb es mit etwas Gaffa-Tape ab
und mein ganzes Gesicht, weil ich Pickel hab.
Ich parfümier mich mit 20 Gerüchen
und lese zehn Bücher mit coolen Sprüchen
Zum Beispiel: »Hallo, wie geht's denn so,
Gesprächseröffnung mit Niveau.«
Oder: »Was eine Faust bedeuten kann,
Körpersprache für jedermann.«

Ich punkte nicht in puncto Pünktlichkeit,
als ich ankomm, sind noch zwei Stunden Zeit.
20 Schnäpse später bin ich ziemlich entspannt
und in der Kneipe schon mit fast jedem bekannt,
als die Tür aufgeht, sie betritt den Laden.
Ich fühl mich wie ein Auto mit Totalschaden.
Zur Beruhigung hab ich noch Valium genommen,
jetzt sehe ich sie ziemlich verschwommen.

Doch auch verschwommen wirkt sie noch immer
wie eine Wolke aus goldenem Glimmer,
okay, so würde jetzt jede für mich aussehen,
auch die Topfpflanzen, die am Eingang stehen.
Ich steh auf und mach zur Begrüßung Geräusche
und sag, dass ihr Anblick mich echt enttäusche,
weil sie besser aussieht als auf dem Bild im Netz,
das Kompliment kommt nicht so recht an, ich setz
mich wieder hin und sag: »War nicht so gemeint«,
und denke: »Oh Gott, jetzt hab ichs auch noch verneint.«

Sie sagt nur: »Was?« und ich kann ruhig landen,
sie hat mein Gelaber zum Glück nicht verstanden.
Ich frage: »Und was machst du sonst so für Dinge?«
»Mein Hobby ist Fechten, mit scharfer Klinge.«
Ich hab drauf gewartet und sage im Nu:
»Deine Klinge ist bestimmt nicht schärfer als du.«
Oh Gott, jetzt hab ich echt so nen Spruch gebracht,
was für ein Klischee, okay, sie lacht.

Sie fragt: »Und du?«, ich sag sehr gelassen:
»Mein Hobby sind fliegende Untertassen«,
während ich still über mein Geschirr wisch,
sie sagt: »Ja, du wirkst auch echt außerirdisch.«
Das sind Worte, die mich echt irritieren:
»Hey, Aliens nicht diskriminieren!«,
sag ich, kann nicht mehr switchen
und rede ne halbe Stunde über Science Fiction.

Klingonen, Beamen, alles muss ich erwähnen,
bemerke zu spät ihr deutliches Gähnen.
Dann frage ich, schon ziemlich blass:
»Warum sagst du eigentlich nie irgendwas?«
Sie sagt nichts, um dann ihr Glas auszutrinken
Und dann dem Kellner zum Zahlen zu winken.
Ich frage: »Willst du etwa schon gehen?«
Sie sagt: »Das heißt ›endlich‹!« und lässt mich stehen.
Doch da beginnt es, sehr heftig zu regnen,
weswegen wir uns gleich wieder begegnen,
also nicht direkt, aber sie muss drinbleiben
und ich starre teilnahmslos raus durch die Scheiben.

Sie kommt zurück: »Lass uns den Date-Mode ausschalten,
wir können uns ja normal unterhalten
und einfach zusammen was trinken,
auch wenn deine Klamotten nach Wodka stinken.«
»Du kannst in deinen Schuhen nicht laufen.«
»Du solltest dir überhaupt mal Schuhe kaufen,
was du da anhast, gilt ja höchstens als Tüte.«
»Dafür stehen meine Pickel nicht so in Blüte
wie deine und du hast fettige Haare.«
»Wobei ich nicht wie du an Deo spare.«
»Ja und du, du lispelst beim Sprechen.«
»Du warst dicht wie ein Kiddie beim Dosenstechen.«
»Ich war aufgeregt, wollte es nicht versauen.«
»Kannst dir auch mit nem Hammer auf den Kopf hauen.
Hat die gleiche Wirkung, du stinkender Troll.«
»Ja, sorry, ich mein, ich fand dich halt toll.«

Wir bemerken, dass wir, wenn wir uns hassen,
eigentlich ganz gut zusammenpassen.
Der Wirt stellt die Stühle auf die Tische,
sie fragt: »Ob ich meine Bahn noch erwische?
Die ist wohl schon weg, was machen wir jetzt?«
»Na ja, wenn es deinen Stolz nicht verletzt,
könntest du ja zu mir ...«, sag ich benommen.
»Ich meine, meine Wohnung ist ähnlich verkommen
wie mein Charakter, ich heiz noch mit Brikett,
es gibt grad kein Licht und auch nur ein Bett ...«
Sie hört mir zu, wobei sie leise lacht,
und sagt: »Na, das reicht ja für eine Nacht.«

Harry Kienzler, geb. 1979 in Stuttgart, lebt in Tübingen.

Er begann seine Slam-Karriere im Jahr 2003 mit einem Kurzgedicht über eine Schild-
kröte. Er entdeckte seine Lei-
denschaft für die Dichtkunst
und bereiste fortan die Slam-
Bühnen im deutschsprachigen
Raum, um seine Form der Performance Poetry zum Besten zu
geben. Inzwischen hatte er sein
Repertoire über Schildkröten hinaus erweitert. Zusammen mit
seinem Kollegen Jakob Nacken
tat er sich besonders im Bereich
der Team Performance hervor.
Die beiden sind nach wie vor als

Duo »Harry & Jakob« mit ihrem Programm »Siegertypen«
auf den Kleinkunstbühnen unterwegs. Harry spielt Impro-
theater beim legendären »Theatersport« in Tübingen und
Esslingen und gibt schon seit mehr als einem Jahrzehnt
Poetry-Slam-Workshops an Schulen und anderen Einrich-
tungen.

Und ab und zu trägt er immer noch Gedichte über
Schildkröten vor.

»Als ich diesen Text schrieb, war ich, glaube ich, gerade
Single und versuchte, die für mich unglaubliche Heraus-
forderung eines Dates in Textform zu bannen, um ihr ein
bisschen den Schrecken zu nehmen, den sie für Soziopa-
then wie mich hat. Im Prinzip liefen die Verabredungen,
die ich dann wirklich hatte, auch ziemlich genau so ab

wie in der Geschichte beschrieben, bis auf den Schluss. Der Text gefiel vor allem den Moderatoren auf Poetry Slams immer sehr gut, weil sie danach immer so was sagen konnten wie: ›Na denn mal los, der junge Mann ist noch zu haben.‹«

Mindesthohn
Jean-Philippe Kindler

Im Nebel eines Plattenbaus,
wo Ratten faule Sachen kauen,
liegt tief gehüllt in Wolkendecken Leben noch im
    Schattengrau.
Wo Egel dann zwecks Fastenbrechen leise schleckend
    Reste snacken,
sich der Tag in Watte taucht
und lange noch zum Aufstehen braucht.
Dort pflückte man vom Himmel auch die Platte aus Beton
    und Staub
und baute graue Zellen auf
zum Menschenmassen-Haltungshaus.
Und auch
an jenem Morgen raucht
sich Petra zwecks dem Sorgenstau
zu allererst 'ne Kippe aus
dem allerfeinsten Lungenkraut.

Um sechs beginnt die Arbeitsschicht,
die richtet sich nach Sparpreis schlicht.
Im Angesicht von Tageslicht
schaut Petra mich kurz an und spricht:

»Simmer pünktlich und gründlich,
gibbet stündlich acht fünfzig.«

Petra
steht zu Anfang jener Tage
schon am Tresen und packt Ware
streng nach Plänen in Regale.
Selbst im Schlafe kennt sie vage
jede Nase hier beim Namen.

»Ach Moin, Herr Zeiler, ich weiß schon, eine FAZ und einmal die BILD, darf es dazu vielleicht noch ein bisschen
Journalismus sein?«

Ja, das
sind 180 Zentimeter
viel gepflegter Miesepetra.
Szenenwechsel.

Am gutfrisierten Wiesengrün,
wo Lilien an Fliesen blühen,
sitzt oben auf dem Reichtagsbau,
befestigt über Schiebetüren,
der Leitsatz auf
»dem deutschen Volke«.

Meint das auch –

den Menschen, der zwecks Leiharbeit
am freien Tag zu Fleiße neigt?
Denn drinnen sagt aus Dreistigkeit
ein Mann zum Thema Zeitarbeit:

»Hätten Sie was Anständiges gelernt,
müssten Sie keine drei Minijobs machen.«
Ja, das
ist Überheblichkeit.

»Zeitarbeit«, sagt Petra, »is dat Tinder der Arbeitsverträ-
ge – dat is, wie wenn du 'ne Frau kennenlernst und dann
sacht die zu dir: ›Hömma, gerade hab ich richtig Bock auf
Nähe und Sex, aber in drei Monaten ... auch. Aber nicht
mit dir.‹ Det ist Zeitarbeit.«

Und draußen sitzt ein Anzug dann
im Wagen noch am Straßenrand
und sagt genervt im Laden dann
halt, dass er nicht lang warten kann,
und fragt aus purem Tatendrang:
»Machen Sie das hier eigentlich hauptberuflich?«

»Ne, weißte«, sagt Petra. »Ich mach hier mein freiwilliges
soziales Jahr, um so neureiche Pflegefälle wie dich zu be-
treuen. Samma, is dat 'n Konzert hier oder warum spielst
du die Arschgeige?«

8,50
sind hier Stundenlohn
und 14 Cent für den Moment,
in dem der Zeiger Runden kreist
und dies eine Minute nennt.
Einmal 14 Cent
sind Kinderlachen,
große Augen, Cola-Flaschen. 28 sind die Damen,
fröhlich grüßend früh am Tage.
Fünf Mal 14 sind ein »Danke«,
»schönen Tag noch«, selbst am Rande,
denn das Gegenteil kann zeigen,
zwölf Mal 14 sind hier Schweigen.

Keine Geste will verweilen,
sechs Mal 14 Cent fürs Zweifeln
sechs Mal 14 sind die Frage
nach dem Wert der eigenen Tage.
Fünf Mal 14 sind hier »Petra«
aus den Mündern ihrer Lehrer,
vier Mal 14 sind die Leiden,
keinen Abschluss vorzuweisen.

Fünf Mal 14 sind die Waren,
die zwecks Einräumen sich stapeln,
zwei Mal 14 sind die Seufzer
von der Ungeduld der Käufer.
Elf Mal 14 sind die Sorgen
um das Wohl der Tochter morgen.
Und die letzten 14 Cent, die bleiben,
sind die Frage: Kann das reichen?

Vierzehn Cent mal sechzig
sind 8,50, ja, man »schätzt dich«.

14 Cent, das scheint der Wert
deiner Arbeit pro Minute,
welcher richtet sich am Zeitvermerk
und selten noch am Guten.

14 Cent bekommt die Schwester
pro Minute, die sie pflegt,
14 Cent für elf Geschichten,
alle gleichzeitig erzählt.

Tausend Euro und vierhundert,
eine Minute Markus Lanz,
für 'nen Mann, der, tja, wen wundert's?,
nur von sich erzählen kann.

14 Cent, das sind ein Darmbruch,
einer Frau, die sich im Schlafe
nicht erinnert an die Warnung,
denn Alzheimer frisst Tage.

14 Cent bedeutet Leben,
dort im Plattenbau der Stadt,

14 Cent getropft als Regen
durch das durchgeweichte Dach.

Tausend Euro dann die Häme,
die von RTL erzeugt,
über Menschen, die sich schämen,
gibt's ne Soap zu uns'rer Freud.

70 tausend und vierhundert,
eine Minute Militär.
14 Cent für Kindergärtner,
für das Gleiche – nur mit Herz.

Und für Petra heißt es weiter,
nach der Arbeit bleibt ihr leider
keine Zeit für Mittagspausen,
denn der Zeiger wandert weiter.

Und es scheint ihr unvermeidbar,
sich die letzte Kraft zu rauben,
zum Geburtstag für die Kleine
noch ein Dreirad einzukaufen.

Welches kostet um die tausend
14-Cent-Minuten – schlicht
für ein Stückchen Glück im Glauben
an ein Lächeln im Gesicht.

Und es geht nicht nur um Zahlen,
sondern mindestens zu Recht
um ein Mindestmaß an Klarheit,
welche maximal versteckt,
dass ein Maximum an Arbeit
hier nur minder wird geschätzt.

Denn es fehlt uns neben Wahrheit
auch das Mindestmaß Respekt

für das,
was Menschen leisten.

Und wenn dieser fehlt,
was bleibt dann schon?
Im Grunde doch
nur Mindesthohn.

Jean-Philippe Kindler. »Du bist 21 Jahre alt und hast die Seele eines 43-Jährigen.« Das sagte eine Freundin mal über Jean-Philippe Kindler und hatte damit uneingeschränkt recht. Nachdem er gleich bei seiner ersten Teilnahme  das Finale der deutschsprachigen Meisterschaft 2017 erreichte und im selben Jahr NRW-Landesmeister wurde, holte er sich im Jahr darauf den deutschsprachigen Meistertitel. Seine Texte sind oftmals politisch, und dabei humorvoll, ohne dabei dem Anspruch der Ernsthaftigkeit nicht gerecht zu werden. Im Februar 2018 erschien sein neues Buch mit dem Titel »Ein Stück Quiche in Krefeld-Fischeln« beim Lektora-Verlag in Paderborn. Kindler moderiert sämtliche Kulturveranstaltungen in Tübingen sowie ausgewählte Veranstaltungen in Düsseldorf.

»In den Sondierungsgesprächen und im Wahlkampf 2017 ging es auch um das Thema Arbeit. Im Zuge dessen wurde der Mindestlohn diskutiert. Einige Parteien, darunter vor allem die FDP, sprachen sich dafür aus, den Mindestlohn oder zumindest die Dokumentationspflicht abzuschaffen. Um die Unternehmen von lästiger Bürokratie und Arbeit zu entlasten und vor allem um Unternehmen mehr ›Freiraum für Experimente‹ zu ermöglichen, so heißt es im Programm der FDP. Ich las dies alles und war schockiert von einer solchen Respektlosigkeit gegenüber dem Wert der menschlichen Arbeit in diesem Land. Also schrieb ich diesen Text, er erzählt von meiner ehemaligen Arbeitskollegin Petra und ist Ausdruck dafür, dass ich lange nicht mehr bereit bin, für diese Politik einzustehen.«

Die Handwerker sind da!

Insa Kohler

Im Badezimmer steht ein kleiner, dicker Mann und handwerkt an unserem Klo herum. Die Klospülung funktioniert nicht mehr, trotzdem riecht es neuerdings viel besser in meiner Wohnung. Mein stinkender Mitbewohner ist ausgezogen, dafür wohnt jetzt Annika bei mir. Annika kenne ich noch von früher. Sie hat schon immer gut gerochen, deswegen durfte sie einziehen. Leider ist ihr gestern die Spültaste der Toilette kaputt gebrochen. Ich weiß nicht, wie sie das gemacht hat, und kann diese Frage auch dem zugleich neugierig und vorwurfsvoll fragenden Handwerker nicht beantworten.

»Ick dachte immer, Frauen kacken nur Blumen«, berlinert er. »Da muss ick jetzt den Spülkasten auswechseln.«

»Ich bin dann mal in der Küche«, informiere ich ihn.

»Joa. Ick schrei, wenn ick wat brauche. Dit weckt bei Frauen Mitte swanzich imma gleich Mutterjefühle.« Er grinst. Ich grinse zurück, denn ich weiß genau, was zu tun ist. Frauen und Handwerker, das ist eine Geschichte für sich.

Annika und ich haben da in den letzten Wochen einige Erfahrungen gesammelt. Als junge Studentinnen in einem

Haus, in dem sonst hauptsächlich ältere Leute wohnen, wissen wir genau, wie wir uns verhalten müssen, wenn die Handwerker kommen.

Erst kürzlich wurden hier sämtliche Fenster ausgetauscht. Die Handwerker waren über Wochen da. Man kann sich denken, mit wem sie ihren größten Spaß hatten.

»Kann ick meen Werkzeug heute Nacht bei eusch lassen?« Schon am Abend vor unserem Fenster-Tausch-Termin steht einer der Männer vor der Tür und hält grinsend seinen Hammer in der Hand.

Vorsichtig gucke ich ins Treppenhaus. Meine Antwort hängt schließlich auch davon ab, ob das hier ein Porno wird oder nicht. Ich kann keinen Kameramann entdecken und sage: »Klar.«

Der Mann schleppt zwei schwere Kisten in die Wohnung.

»Allet deine Schuhe?«, fragt er.

»Klar«, sage ich ein weiteres Mal.

Aus meinem Zimmer dringen die Stimmen mehrerer Leute. Referatsgruppentreffen. Aber das kann ich dem Mann nicht erzählen. Dass hier Frauen mit wenig Schuhen wohnen, Studentinnen, die nicht nur rumgammeln und ihr BAföG versaufen, sondern sich abends nach zehn Stunden Uni noch mit Referatsgruppen treffen. Das kann ich dem armen Kerl nicht zumuten. Da müsste der sein ganzes Weltbild überdenken und wer weiß, was dann passiert. Nee, lieber nicht. Ich lasse ihn sein Werkzeug abstellen und er trottet zufrieden Richtung Feierabend.

Später am Abend kann ich meine Kommilitoninnen nicht dazu überreden, all ihre Schuhe stehenzulassen und barfuß nach Hause zu gehen. Ich kann das nachvollziehen, schließlich ist Februar. Annika und ich suchen also früh am nächsten Morgen alle Stiefel, Sandalen und Flip Flops, die wir besitzen, zusammen und verteilen sie großzügig im Eingangsbereich. Wir verwandeln unsere schön aufgeräumte Zweizimmerwohnung in einen Saustall, holen den Sperrmüll von der Straße, sprühen Graffiti an die Wände, schmieren sämtliche Teller mit Tomatensoße ein, stapeln sie auf und in der Spüle und verstecken die Nahrungsmittel im Kühlschrank hinter einer Armee Sektflaschen.

Die Handwerker, die zwischen 8 und 16 Uhr kommen wollten, klingeln um kurz nach 10 Uhr an unserer Wohnungstür. Schnell ziehen wir unsere Schlafanzüge wieder an und öffnen möglichst verpennt die Haustür.

»Is dit ne WG hier?«, fragt der eine der beiden, der gestern noch nicht bei uns war.

»Jo«, sagt der andere.

»Studenten, wa? Dit sieht man gleich. Wie spät ham wa's denn? Uh, fast halb 11. Dit is ja für die echt früh morgens, wa? Hähähähä!«

»Jo«, sagt der andere.

Annika und ich geben uns versteckt ein High Five! Weltbild ist kein bisschen ins Schwanken gekommen, ham wa jut jemacht, wa? Sie setzt noch einen oben drauf und fragt mit naiver Stimme, was denn heute so gemacht wird.

Der Ältere der beiden plustert sich vor uns auf.

»Wir machn dit schon«, versichert er uns fachmännisch.

Er und sein Kollege machen sich an den Fenstern unserer Wohnung zu schaffen, tragen Dreck und Staub in unsere Zimmer, trinken schon in der Mittagspause Bier, rülpsen, erzählen dreckige Witze, pfeifen uns hinterher und probieren die uraltesten und schlechtesten Anmachsprüche an uns aus.

Wir verbringen den Tag in der Küche. Da gehören wir als Frauen schließlich hin. Immer wenn ein Handwerker vorbeikommt, verstecken wir unsere Uni-Unterlagen und stellen uns an den Herd.

»Wat jibts denn?«, fragt der eine. »Ah, ick seh schon. Nudeln. Jab's jestan och schon, wa?«

Nicken und lächeln. Wir sind so sehr damit beschäftigt, Klischee-Frauen und -studentinnen zu sein, dass wir kaum zum Studieren kommen.

Aber die Handwerker kommen irgendwie auch nicht voran. Kurz vor Feierabend stolpern sie plötzlich vor unsere Füße und brechen zusammen.

»Ich kann nicht mehr, ich halte das nicht mehr aus«, ruft der eine plötzlich ohne Berliner Akzent.

Der andere liegt heulend auf dem Boden. Sein Körper zuckt und bebt.

Bei einem Glas Wasser schütten uns die beiden Männer ihr Herz aus. Er sei gar nicht so der typische Handwerker, gesteht der eine unter Tränen.

»Ich auch nicht«, heult der andere.

»Eigentlich mag ich überhaupt kein Bier«, jammert der eine.

»Ich stehe überhaupt nicht auf Frauen«, der andere.

»Deine dämlichen Witze gehen mir total auf die Nerven«, bricht es aus dem einen heraus.

»Mir auch. Denkst du, mir macht das Spaß? Ich bastel einfach gerne an Häusern rum. Doch voll und ganz Klischee-Handwerker zu sein, ist so aufwendig, dass ich überhaupt nicht mehr zum Handwerken komme.«

Die beiden schauen sich still in die Augen, dann fallen sie sich in die Arme. Wir wissen gar nicht, wo wir hingucken sollen, und schauen uns in unserer extra präparierten Wohnung um. Einer der Handwerker zieht uns zu sich. Gruppenumarmung.

»Feeeertig!«, brüllt jetzt der untersetzte Mann aus meinem Badezimmer.

Ich stapfe so breitbeinig wie möglich zu ihm, ziehe ein wenig Rotze hoch und schlucke sie hörbar laut runter. Der Mann guckt kurz irritiert, fängt sich jedoch schnell wieder, erklärt mir, wie der Spülkasten funktioniert, zwinkert mir zu und wünscht »Viel Spaß!«.

»Jo!«, sage ich und rülpse ihm laut ins Gesicht. Völlig verdattert verlässt er meine Wohnung. Ich bin zufrieden. So'n bisschen Weltbild überdenken, hat schließlich noch keen' jeschadet, wa?

Insa Kohler, geboren 1986 in Oldenburg, lebt mit Mann und Hund in Berlin. Seit 2010 tritt sie bei Poetry Slams und Lesebühnen auf. Sie ist Mitglied der Berliner Lesebühne »Rakete 2000« und Teil des Slam-Kabarett-Trios »Dames Blonde«.

»Ich habe den Text tatsächlich geschrieben, während ich in der Küche saß, weil sich Handwerker im Rest der Wohnung zu schaffen machten. Der Tag ist ähnlich klischéehaft abgelaufen. Leider sind in der Realität keine Weltbilder zerbrochen, aber die Vorstellung gefällt mir sehr gut. Menschen tun ja oft Dinge nur deswegen, weil sie denken, dass andere sie von ihnen so erwarten. Hinter den Klischeé-Fassaden stecken dann die wirklichen Menschen.«

Hasskuss
Sarah Lau

Ich hasse Menschen.

Ich hasse Menschen, die im Zug schmatzen.

Ich hasse Menschen, die sich im Kino laut die Nase putzen.

Ich hasse Menschen, die, während ich rede, am Handy sind, und ich hasse Menschen, die Mundgeruch haben, wenn ich sie küssen will.

Ich liebe es.

Ich liebe es, wenn Lippen nach Alkohol und Zigaretten schmecken, oder nach Zahnpasta, Kaugummi und Eis, ich liebe Schokolade, aber die schmeckt beim Küssen plötzlich gar nicht mehr, ich mag das Kribbeln, das da ist, wenn man zum ersten Mal küsst oder zum 56. Mal den Richtigen.

Ich mag aber auch kribbellose Zwischen-Tür-und-Angel-Küsse und ich mag küssende Mädchen mit langem Haar und großen Lippen. Ich mag nicht fusselige Hautfetzen an Wintertagen, aber ich mag Kakao-Lippen, die wärmen. Und ich mag Bier-Lippen in warmen Sommernächten, feucht und frisch auf Mund und Hals, ich mag zurückhaltende Zungen und gierige Zähne, ich mag Hände beim Küssen, die Lippen unterstützen.

Und ich mag Gute-Nacht- und Bitte-geh-nicht-, mag Kuss auf die Wange und Kuss auf Stirn, ich mag dolle Küsse, die nicht gleich zum Sex führen, und ich mag dieses Winden, das Hin und Her, das Drücken und Ziehen, das Stoßen und Zerrn, mag Augen offen, Augen geschlossen, will sehn, wie du küsst, und gerne genießen, ich will immer wieder dünne Lippen ausprobieren und immer wieder aufs Neue merken, dass ich das gar nicht mag, ich mag vor allem einfach dich und Küsse von dir. Und du schaust mich an, fasst dir an die Lippen, ziehst ein paar Hautfetzen ab, es ist Winter. Du überprüfst deinen Atem und schaust mich traurig an.

»Ich mag kein Bier«, sagst du, »und ich hab Asthma. Ich kann dir keinen Bierzigarettenkuss geben.«

Und dann sind wir auseinandergegangen, du nach Hause und ich auf die Straße, um andere Lippen zum Küssen zu finden, und ich fand sie, große und kleine, schmale und dicke, redende und schweigende, lachende und weinende, und sie küssten alle gut und ich dachte mir, ja, ich dachte: So ein Bierzigarettenkuss, wenn das 100 % sind, dann ist das hier gerade eine solide 9 auf meiner Skala von dem, den ich nicht mehr küssen will, und dem, der mir immer noch den Kopf verdreht, obwohl wir uns jetzt fünf Jahre nicht mehr gesehen haben.

Und dann denke ich, ja, ich denke: Mit dir kann doch ein neuer Kuss mein Lieblingskuss werden und generell, warum reicht denn keine 9 auf meiner Skala oder eine 8,5. Vielleicht bist du auch nur eine 6 und meine rosarote Brille dreht dich so lange, bis eine 9 aus dir entsteht, aber vielleicht, ja, vielleicht ist auch alles einfach mal schön so, wie es ist.

Und vor lauter Nachdenken knibbel ich am Helix und kaue meine Nägel stumpf und blutig und dann denk ich: Na gut, ich geh heim, allein, lieber kein One-Night-Stand, der dann morgens nicht mehr zum Küssen bleibt.

Also geh ich heim, allein, und küsse nachts mein imaginäres Bild von dir, damit ich lächelnd einschlafe.

Und am nächsten Morgen, am nächsten Morgen stehst du vor meiner Tür und sagst: »Weißt du? Ich kann dir keinen Bierzigarettenkuss geben, aber vielleicht etwas Anderes. Lass uns doch einfach über Fußball reden, das haben schon Kapelle Petra gesagt, und dann sehen wir, was passiert«, und ich schaue dich an und sage: »Ich mag kein Fußball. Und ich hab Knieprobleme. Ich kann weder Fußball spielen noch darüber reden.«

Und dann schweigen wir und sehen uns an und ich denke mir, vielleicht werde ich Fußball-Profi für dich, vielleicht fange ich an, zu verstehen, warum elf Mann so viel Geld dafür bekommen, dass sie einem scheiß Ball hinterherlaufen, und mein bester Freund, mein bester Freund meint immer, Fußball sei Kultur, und ja, ich hab wohl auch Spaß beim Zusehen und Spielen, aber ich verstehe das halt nicht.

Und dann denke ich, ja, ich denke, ich kaufe mir Bücher, lesen kann ich, auswendig lernen kann ich auch. Und dann können wir Fußball schauen und reden und diskutieren und »FOUL!« rufen und »Scheiß Schiri!«

All das denke ich und du sagst: »Ich mag Fußball auch nicht«, und lachst und dann: »Aber Autos, damit kenne ich mich aus!«

Und ich sage: »Autos, das ist doch was, die kenne ich auch, damit lässt sich arbeiten«, und dann steige ich zu dir in dein Auto, du gibst Gas, erzählst von 4-Takter, PS und Hubraum und ich höre zu, frage nach und erinnere mich, das irgendwann mal in der Schule gehabt und gedacht zu haben: Was ein Scheiß, das werde ich nie wieder in meinem Leben brauchen.

Tja, wohl, das hat schon mein süßer Physiklehrer damals gesagt, und ich sage: »Das passt doch. Das passt doch gut. Du erzählst mir was übers Auto und ich schreibe darüber.«

Und ich schreibe: Wir sind auf der Überholspur des Lebens, fahren immer ein bisschen zu schnell, doch solange wir niemanden außer uns gefährden, ist das vollkommen okay, vollkommen unvollkommen, trotzdem vollständig … umgekommen.

Das schreibe ich und dann lese ich dir das vor und du sagst: »Weißt du …?«

Ich unterbreche dich und sage: »Ja, ich weiß.«

Wir küssen uns und der Kuss ist eine 12,5 und du ersetzt den Platz von dem Typen von vor fünf Jahren und bist das Ende, das Ziel, ja, die Skala insgesamt, und damit sind wir wohl beide ziemlich zufrieden.

Und wisst ihr, küsst euch doch einfach auch. Küsst euch jetzt oder gleich, küsst Freund oder Freundin, One-Night-Stand oder Ehepartner, küsst euch und seid verdammt nochmal glücklich. Ja, es ist viel los in letzter Zeit und es gibt viele blöde Menschen und dumme, und die haben scheiße viel Macht, aber mit Hass kann man keinen Hass bekämpfen. Liebe ist der schönste Mittelfinger.

Sarah Lau wurde 1997 in Paderborn geboren. Kurz darauf wurde sie jedoch sehr schnell in ein kleines Dorf in der Nähe von Lichtenau verschleppt, wo sie 18 Jahre ihres

Lebens verbrachte. Hier lernte sie vor allem, nichts zu tun und Schützenfesten aus dem Weg zu gehen. Trotz Traumberufen wie Tierärztin und Burgerbraterin schreibt sie viel in ihrer Freizeit. Dabei entstanden drei halbe Bücher, viele Kurzgeschichten und Gedichte in schlechtem Englisch. Ihr Englisch verbesserte sich und sie kam über eine Empfehlung ihres Bruders 2013 zum Poetry Slam. 2014 und 2015 wurde sie dann OWL-U20-Meisterin. Von diesen kleinen Siegen beflügelt, schaffte sie es in diesen Jahren nicht nur zu den deutschsprachigen U20-Meisterschaften in Berlin und Regensburg, sondern auch zu den »großen« Meisterschaften in Dresden und Augsburg. 2015 wurde sie U20-Vize-Meisterin. Danach konzentrierte sie sich zunächst auf ihr Studium in Paderborn, merkte jedoch schnell, dass ihr das nicht reicht, und so steht sie wieder auf kleinen und großen Bühnen, gibt Workshops und moderiert den U20-Slam in Paderborn.

»Das musste mal gesagt werden.«

#klartexttext

Sch...
Es ist meistens nur ein Flüstern,
ein Raunen hinter Händewänden,
die verbergen, wie wir tunlichst
nicht zu viel Atem drauf verschwenden;

Wenn wir zögerlich versuchen,
um den heißen Brei zu reden.
Wenn wir im Tanze gleich
– zuckende Gesten –
uns um ihn herumbewegen.

Schhh …
Ich meine, …
Also … äääh …
Es ist nur …
Du weißt schon …

Erdbeerwoche halt.

Los Wochos.
Bloody Mary.
Tante Emma zu Besuch.
Und die Tante hat Verwandte,
die Berta oder Lola heißen
oder Tante Rosarot, die in Unterleibzig wohnt.

Aber sch...
Lass uns nichts sagen,
nur in Klokabinen flüsternd uns're Sitznachbarin fragen
nach was zum Umstöpseln.
Nach was zum Baumwollponyreiten.
Es gibt so viele Worte, die umschreiben,
so viele Ausdrücke fürs Rumdrucksen,
fürs ausschweifende Verbalducken.

Maler im Keller.
Rote Armee.
Ferrari in der Tiefgarage.
Ferien am Rothensee.

Aber sch...
Es ist meistens nur ein Flüstern
über Busenspannungsproblematik
und was in unser'm Bauch geschieht,
muskuläre Krampfzustände,
mein Uterus ist Kampfgebiet!
In dem ein Drache Feuer spuckt,
östrogenen Zwietracht sät.

Der lokale Sender meldet:
Erneute Menstruosität!
Unterleibzig steht in Flammen.
Es kommen wieder blut'ge Zeiten.

Doch wir haben längst gelernt,
diesen Drachen zuzureiten!
Auf der roten Welle surfen, ohne unterzugehen,
mit Wärmeflaschen bewaffnet uns're Frau zu stehen.

Und damit will ich uns brüsten,
wie jeder Feldherr es täte!
Das Haupte hoch auf
nach jeder gewonnen Fehde.

Aber sch...
Wir wollen dich nicht irritieren,
dich nicht belästigen mit dem –
wie uns're Körper funktionieren?
Nicht Dinge unnötig besprechen,
die ja nur die Hälfte der Weltmenschheit betreffen,
zu der du nicht gehörst,
und wenn es dich stört
dann –
fick dich.

Höflich formuliert.
Denn es ist meistens nur ein Flüstern,
was endlich eine Stimme braucht.
Die ich gebe, ich entschied mich
aus dem Bauch heraus.

Von ungefähr hier.
Denn es betrifft mal sicher die Hälfte der Menschheit.
Und dann noch alle anderen, die sich nicht zieren,
des Nachts bei dieser Hälfte zu liegen
für den Fortbestand der Menschheit.
Oder auch nur so zum Spaß,
denn meistens ist es uns ja lieber,
wenn das keine Folgen hat,
keinen Fortbestand der Menschheit.

Denn wenn die Tante Emma kommt
 – uns den lieben Spaß verdirbt –,
dann kann uns das verdrießen.
Wenn sie, scheint's plötzlich, nicht mehr auftaucht,
lernen wir sie meistens lieben.

Also lasst sie uns lieben!
Uns're Händewände formen zu etwas,
das uns lauter macht,
sagen, was
wir hören wollen und uns auch Gehör verschafft.

Es ist nur ein bisschen Blut!
Ein bisschen Uterusschleimhaut,
die ich nicht mehr brauch,
also lass ich sie fließen.

Lass mich treiben im Zyklus des möglichen Werdens,
der nichts anderes tut, als dass er gut funktioniert,
und ich will nicht mehr hören, wie man ihn pathologisiert!
Oder mit Abfälligkeiten deutet,
das Problem an unserer Fehde
sei mein Reproduktionssystem.

Als wär's nicht möglich,
dass nicht gerade höflich
verlorene Worte in strittiger Frage
Grund genug wären für meine Stimmungslage.

Nicht jeder weibliche Zorn lässt darauf schließen,
dass Hormone hochdosiert
aus unseren Ovarien schießen!
Meistens liegt's tatsächlich nur
an irgendeinem Bullshit!

Menstruationstassen hoch! Auf unsere Körper!
Vergesst Erdbeertage und andere Wörter
und nennt das »kein Kind« beim Namen!
Und lasst uns gemeinsam Spaß dran haben,
an unseren Körpern!

Denn die sind nicht zum Schämen
und auch nicht verkehrt
und das sag ich so lang, bis es niemanden mehr stört,
wenn wir Tampons aus unser'n Taschen nehmen.
Krieg dich ein, Martin! Es ist nur ein bisschen Blut!
Und Uterusschleimhaut, die ich nicht mehr brauch.

Also lass ich sie fließen und nenn das »kein Kind« beim Namen.
Und vielleicht werden wir irgendwann Spaß dran haben
und ein kleines Fortpflänzchen entsteht,
mein Körper versteht,
dieses Pflänzchen zu schützen, es wachsen zu lassen,
in diese Welt zu setzen ...
Und das ist eigentlich krass!
Also lasst
uns das doch endlich feiern.

Agnes Maier wurde 1993 in Graz geboren. Im Jahr 2015 begann sie mit Konsequenz, sich als Slam-Poetin einen Namen zu machen. Wenige Monate nach ihrem ersten Auftritt wurde sie Vizemeisterin von Steiermark/Kärnten. Zusammen mit Klaus Lederwasch gründete sie im Jahr 2016 das Slam-Team »KEVIN«, das sich 2017 zum österreichischen Meister im Teamwettbewerb krönte. Im selben Jahr holte sie den Landesmeistertitel von Steiermark/Kärnten, gewann die österreichischen Staats-

meisterschaften auch im Einzel und schrieb damit österreichische Slam-Geschichte.

Sie gehört außerdem zum Stammkollektiv der monatlich stattfindenden Grazer Lesebühne »Gewalt ist keine Lesung«. Ganz nebenbei arbeitet Agnes Vollzeit als diplomierte Hebamme und ist Mutter einer Tochter, die 2008 zur Welt kam.

»Ich könnte jeden Monat Binden und Tampons schwenkend durch die Straßen ziehen, Schnaps aus Menstruationstassen trinken, mir mein vaginales Blutschleimgemisch wie eine Kriegsbemalung auf die Wangenknochen schmieren und durchs Megaphon brüllen, dass die Menstruation eines der normalsten Dinge der Welt ist und wir uns für sie nicht zu schämen brauchen.

Das wäre den Leuten vermutlich unangenehm. Und mir vielleicht auch ein bisschen.

Also hab ich lieber ein paar Reime dazu gemacht. Das scheint mir allgemein verträglicher und besser akzeptiert. Manchen ist das immer noch zu viel, aber meistens klatschen die Leute sogar.«

Max und Moritz 2015 — eine antikapitalistische Bubengeschichte in drei Streichen

Fabian Navarro

(4 von 7 Streichen wurden auf Grund von Gewinnmaximie-
rungsmaßnahmen wegrationalisiert)

Ach, was muss man oft von lieben
Kindern lesen oder tweeten!!
Wie zum Beispiel hier von diesen
welche Max und Moritz hießen

Die, gut geschult in weisen Lehren
ihre Mitmenschen bekehren
Ihr Humor ist wirklich schrecklich
weil er politisch stets korrekt ist
Die Ideale – unumstößlich –
sind zudem auch immer höflich

Ja, zum Gutmenscheinheitsbrei
Ja, dazu fühlt man sich hier frei!
Menschen helfen, Tiere retten,
sich vor Castoren an die Gleise ketten
Als würde es der Welt schon reichen
Petitionen zu unterzeichnen
Wie Daunenfedern in den Kissen
so leicht erscheint auch ihr Gewissen
Mit Bubenlächeln, das sie schenken
gemahnen sie zum Überdenken
von Verhalten und auch Lebensstil
das wird uns langsam viel zu viel

Denn wehe, wehe, wehe
wenn ich auf das Ende sehe!

ERSTER STREICH

Seit ihr Mann und sie getrennt
sich Witwe Bolte »Witwe« nennt
Der Kerl ist für sie voll gestorben
sie lebt im Jetzt und für das Morgen

Nach der Scheidung vor zwei Tagen
bekam sie seinen Imbisswagen
So verkauft sie seit 'ner Weile
braungebrannte Hähnchenteile

Vor den marinierten Tieren
die an Stangen rund rotieren
steht Witwe Bolte gut gelaunt
Sie ruft, krakelt ja sie posaunt
die Angebote laut hinaus
preist den Hähnchengaumenschmaus

»Für den Herren hier zwei Schenkel!
Auch noch viere für die Enkel!«
Auch zwei Damen packt die Lust
nach güldener Geflügelbrust
Doch kaum beginnt man das Probieren
hört man Stimmen schrill skandieren:
»Fleisch ist Mord! Fleisch ist Mord!
Legt sofort die Hähnchen fort!«

Max und Moritz halten Schilder
darauf prangen viele Bilder:
Hähnchen voll mit Blut und Flecken
Küken, die im Häcksler stecken
gerupfte Flügel und viel mehr
es wird einem das Herze schwer

Boltes Kunden vor dem Wagen
schlägt das alles auf den Magen
Schnell entbrennt die Diskussion
um Fleisch und seine Produktion

Max und Moritz laden ein
beim Tofugrillen Gast zu sein

Die Bolte bleibt allein zurück
mit manch verschmähtem Bratenstück
Für das Geschäft ist Schicht im Schacht
der Laden wird nun dichtgemacht

Dieses war der erste Streich
doch der zweite folgt sogleich

ZWEITER STREICH

Wer heutzutage Mode schätzt
Geht dazu in ein Großgeschäft
Denn stilistische Erwartung
bedarf der richtigen Beratung
Und Schneider Böck die Kleider kennt
für jeden, der sich »Styler« nennt

Ob Pullover oder Tweedjacket
Poser- oder Spießerdress
ob Button down, kragenlos
ob Abendkleid, ob Badehos'
– bei Schneider Böck sucht man nicht lange
... hängt schließlich alles an der Stange
Und wie günstig, ach, wie fein
Ja, da kauft man doch gerne ein!

Doch Max und Moritz, diese beiden
mochten dies so gar nicht leiden
Denn die Klamotten hier im Laden
die Models auf Plakaten tragen
und in die man so rasch schlüpft
sind von Kinderhand geknüpft

Ist das T-Shirt noch so fesch
irgendwo in Bangladesch
schuften Menschen in Betrieben
nur damit wir nach Belieben
uns aus billigen Geschmeiden
Sachen suchen zum Bekleiden
Auf der Revoluzzer Leiber
häng'n nur Fair-Trade-Edel-Kleider
Es lamentieren diese Buben
sitzen grübelnd in den Stuben
wie man Böck am besten foppt
und Einfuhr solcher Kleidung stoppt

Bei Max macht's PLING, nun weiß er Rat
am nächsten Tag folgt gleich die Tat
Vor Böcks Portal, der bleich erschreckt
sich plötzlich ein Basar erstreckt
»Fairkleidung« steht auf einem Banner
ein Vintage-Flohmarkt – was ein Jammer
jeder Hipster kauft nun günstig ein
statt bei Schneider Böck zu sein

Wie bei der Bolte ruiniert
solch fieser Streich, dass man kassiert
Grimmig schließt das Schneiderlein
sein Geschäft und geht dann heim

Dieses war der zweite Streich
doch der letzte folgt so gleich

LETZTER STREICH

Was ist das für ein Geschwafel?
Dort vor der grünen Kreidetafel
steht ein Mann und referiert
von dem was keinen interessiert
Geradengleichung, 3 X unendlich
fadenscheinig, unverständlich
So war es stets, so geht es immer
in Lehrer Lempels Klassenzimmer

Und auch gehört zu Schulhauspflichten
die Analyse von Gedichten
Was Autoren wohl bezwecken
wenn sie Metaphern gut verstecken?
Ja, was soll bloß das Kredenzen
von all den Metren und Kadenzen?
Wo ist der Sinn? Wo liegt die Wahrheit?
Der Pädagoge fordert Klarheit!

Doch die Schüler, welch ein Kummer
entfliehen ihm in tiefem Schlummer
Alle Schüler? Nein!
Zwei Buben mit gehob'ner Hand
leisten regen Widerstand
Max und Moritz – Musterknaben
die nur einen Makel haben:
Sie sind gerne kontrovers
und kritisieren jeden Vers
So machen sie auch keinen Halt
vor eben jener Lichtgestalt
die vom Lehrer hoch verehrt
so dass es ihn gehörig stört
spricht man dort von Handwerkspfusch
die Rede ist von Wilhelm Busch

Kaum ist Moritz das Wort erteilt
da kommt Kritik sofort geeilt
Diese Zeilen seien nicht richtig
antisemitisch und rassistisch
So ergießt sich die Tirade
das findet Lempel mehr als schade
»Ach Kind, das ist ein Rollengedicht!
Deine Lesart wollen wir nicht!«

Mit solch aufmüpfig Gebaren
will er mit strenger Hand verfahren
Ja, er will sich dafür rächen
dass sie ständig widersprechen
Mit Strafe ist's hier nicht getan
in ihm reift ein perfider Plan

Denn statt sie direkt auszubooten
beschert er ihnen gute Noten
Lehrer Lempel, gar nicht dumm
schickt sie aufs Gymnasium
mit Ausrichtung auf BWL
das verdirbt die Buben schnell
Dort weist man kritische Gedanken
sehr methodisch in die Schranken
Ganz leise bröckeln Ideale
dafür wächst das Kapitale
Und aus den beiden Querulanten
werden schließlich Spekulanten

Ach, zum Glück ist's nun vorbei
mit dem Gutmenscheinheitsbrei

EPILOG

Bolte, Böck und Lempel sitzen
zu Hause vor den Flimmerkisten
Sie hörn von Krieg, von Leid, von Tod
im Rest der Welt herrscht große Not

So fragen sie sich jede Nacht
warum niemand was dagegen macht

ENDE

Fabian Navarro (*1990) ist Slam-Poet und Autor. Er wurde in Warstein geboren, studierte Germanistik und Philosophie in Hamburg und lebt derzeit in Wien. Seit 2008 steht er auf Bühnen und gilt als einer der erfolgreichsten Slam-Poeten im gesamten deutschsprachigen Raum.

Im Jahr 2014 war er Landesmeister in Schleswig-Holstein und 2015 gewann er die Stadtmeisterschaften in Hamburg. Bei den deutschsprachigen Meisterschaften im November 2017 wurde er Vizemeister. Zudem ist er Stammautor der Hamburger Lesebühne »Randale und Liebe«. Sein drittes Buch »Die Chroniken von Naja« erschien im September 2017 im Lektora Verlag.

»Der Text ist für einen Themenslam zu Max und Moritz entstanden. Es gibt so viele Adaptionen von Max und Moritz, aber ich kenne keine, in der sie wirklich positiv davonkommen. Daher wollte ich sie ausnahmsweise nicht als zwei niederträchtige Schurken, sondern als idealistische Weltverbesserer darstellen.«

Der Soldat
Quichotte

Als Kind ist er schon oft
über das weite Land gezogen
auf dem Rücken seinen Köcher
mit den Pfeilen und dem Bogen
Zum Leben war das fast genug
er brauchte nicht sehr viel
er hatte einen festen Willen
und sein Pfeil traf stets das Ziel

Er schoss auf Wände und auf Schilder
und auf Scheiben, die er malte
wurd' zum besten aller Schützen
er traf immer nur ins Schwarze
Sah er aber einen Vogel
er zielte stets daneben
denn das Größte, was es gibt
hat er gesagt, das ist das Leben

So hielt er es auch später
als Soldat beim Militär
sein Hemd ist nun die Uniform
sein Bogen ein Gewehr
Sie nennen ihn den Schützen
weil dem Krieger auch im Schlaf
sein Gewehr zur Seite lag
und er stets ins Schwarze traf

Und so kam der Tag des Krieges
und er zog mit festem Blick
vorneweg dem Feind entgegen
ohne Angst vor dem Geschick
Kugeln streiften seinen Körper
rissen Wunden in sein Fleisch
aber sah er einen Feind
dann schoss er immer nur vorbei
zielte auf den Schlamm der Erde
und die Wolken und den Regen
denn das Größte, was es gibt
hat er gesagt, das ist das Leben

Und so kam er zu dem Tal
an der Seite der Gefährten
den 25 Mann stand
ein Vielfaches entgegen

Auf den Nachteil nicht bedacht
trieb der Mut sie in das Tal
und die Feinde sich formierend
über hundert an der Zahl
schossen Salven auf die Gruppe
bis der erste Krieger fiel
Und auch der Soldat gab Feuer
jede Kugel traf das Ziel

Er traf das Holz ihrer Gewehre
und die Wolken über'm Regen
aber niemals einen Gegner
denn das Größte ist das Leben

Doch die Feinde schossen scharf
Kugeln streiften seine Haut
Kugeln nur dafür gemacht
dass man ihrer Stärke glaubt,
eine schlägt in seine Seite
eine bricht in seine Brust
und der Finger drückt den Abzug
für den allerletzten Schuss

Er durchschlägt den Schall
die grauen Wolken und den Regen
und das Größte, was es gibt
hat er gesagt, das ist das Leben
Und so steht in seiner Stadt
auf dem Friedhof nun im Reim
ein Vers für den Soldaten
eingemeißelt in den Stein:

Auch wenn eine Kugel
dieses Kämpferherz zerbricht
den Soldaten kann man töten
die Idee erschießt man nicht.

Quichotte wurde geboren. Dann kamen ein paar Jahre des Aufwachsens. Besonders gefräßig war er nicht, hat aber immer ausreichend gegessen. Schule hat er auch gemacht, ging nicht anders. War aber auch okay. Quatsch hat er auch schon immer gemacht, konnte aber erst nicht schreiben. Hat er dann aber gelernt.

Von da an gab es kein Halten mehr. Als die Erfindung des Mikrofons ihm anheimfiel, denn er studierte Kataloge mit Musiksachen, bot er all sein Erspartes für ein solches auf und spittete die ersten Zeilen hinein. Das gefiel ihm. Er kam über Rap zu Poetry Slam. Mit seiner Band Querfälltein war er lange auf Tour, bis er irgendwann auf die Idee kam, einen Text mal ohne Musik auf die Bühne zu bringen. Schnell vermischten sich lyrische Texte mit humoristischen und der Anklang beim Publikum verleitete ihn dazu, seinen Job als Gymnasiallehrer an den Nagel zu hängen, um von der Bühne zu leben. Das klappt bis heute. Crazy shit.

»›Der Soldat‹ ist eine Utopie, aber eine sehr schöne, wie ich finde. Die Idee kam mir vor einigen Jahren, als ich den Film ›V wie Vendetta‹ gesehen habe. Dieser Satz ›Kugeln töten Menschen, aber keine Ideen‹, oder so ähnlich, ist bei mir hängengeblieben und ich habe aus der Grundintention heraus den Text zum Thema Krieg verfasst. Für

mich ist er immer noch aktuell und ich würde mir wünschen, er fände seinen Niederschlag im Umgang der Menschen miteinander – sprich: Jeder schießt vorbei. Peace.
Leider scheint das nicht so einfach zu sein.«

Brüll! Beton!

Lars Ruppel

Ich ritzte mal Namen in Eichenrinde

Einer davon war meiner

Einer davon war deiner

Da, wo der Baum stand
Steht heut 'ne Betonwand
Ich stehe allein da
Vor mir steht Ikea

Ich weiß, was zu tun ist
Weil wir halt auch du bist
Und weil unser Wald
Überschwemmt von Asphalt

Ein Bild für uns zwei war
Und ganz unbestreibar
Ist atmen und laufen
So viel schöner als kaufen

Ich ritze Namen in Edeka-Wände

Die Wand kratzt das kaum
Mein Messer zerbricht
Der Wille ist stark
Mein Messer ist's nicht

Lars Ruppel lebt in Berlin und verlässt nur für sehr viel Geld das Haus. Wenn Sie ein Autohaus betreiben und Interesse an einem Auftritt haben, melden Sie sich gerne bei ihm.

»Diesen Text widme ich allen Städteplanern und Architekten, die unsere Innenstädte zu verantworten haben. Möge sie der Blitz beim Zeichnen treffen.«

Der Zirkus ist in der Stadt

Patrick Salmen

Gestatten Sie, ich bin Zauderer
Immer einen Wimpernzug oder Atemaufschlag
Von Dir entfernt
Meine Bewegungen sind ab-

gehackt

Kein Pfadfinder kann ein Feuer entfachen
Durch das Glas meiner Zeitlupe
Ich renne an gegen das Einrasten
Doch verharre im Stand

Ich bin die verpasste Gelegenheit
Das Schweigen danach
Die Zigarette davor

Gestatten sie, ich bin der Zauderer
Zwischen meinen Worten sind Fugen
Da sollte man zentnerweise Spachtel auftragen
Das Kaninchen fehlt, doch in meinem Hut
Ist ein Hohlraum für Sprache

Euphorie, Manege frei
Der Zauderkünstler ist in der Stadt
Ich habe einen Stab und einen [Um]hang zum Zögern

Ich kann Menschen verschwinden lassen
Manchmal schließe ich die Augen
Und sie sind fort

Inventur

Patrick Salmen

Dies ist die Inventur meines Landes
Was es gibt:
- Blühende Landschaften
- Beton (sehr viel Beton)
- Milch, Kohle und Stahl
- Geschichte
- Deren Vergessen

Der Mensch sagt
Wenn der Tisch voll ist
Rücken wir ein Stück zusammen
Hat doch immer gepasst irgendwie
[Der Gegenmensch sagt: Ich]

Der Mensch sagt
Ich bin stolz solange mein Land
Nur die Summe der dort Lebenden bleibt
Wo sie auch herkommen mögen
[Der Gegenmensch sagt:
Ich bin stolz auf mein Land weil: mein]

Der Mensch sagt
Es gibt kein Wir und die anderen
Weil je nach Zeit und Perspektive
Wir die anderen und die anderen die unsrigen sein
könnten

Das ist die Inventur meines Landes
Was es geben wird:
- Gegenwart
- Gegenmenschen
- Eine neue Geschichte

Patrick Salmen (*1985) ist ein Wuppertaler Autor und Lese-Kabarettist. 2010 wurde er deutschsprachiger Meister im Poetry Slam und konnte im Folgejahr den Vize-Titel erlangen.

Sein Buch-Debut hatte er 2011 mit der Kurzgeschichtensammlung »Distanzen«. Es folgten die Werke »Tabakblätter und Fallschirmspringer« und »Das bisschen Schönheit werden wir nicht mehr los«. Seine humoristischen Kurzgeschichten erschienen unter den Titeln »Ich habe eine Axt« und »Genauer betrachtet sind Menschen auch nur Leute« bei Droemer Knaur. Gemeinsam mit Quichotte ist er für die legen-  dären Rätselbücher »Du kannst alles schaffen, wovon du träumst. Es sei denn, es ist zu schwierig.«, »Aufgeben ist keine Lösung. Außer bei Paketen.«, »Der Holzweg ist das Ziel. Es sei denn, er führt nach Rom.« und »Die Torreichen siegen« verantwortlich. Ebenfalls mit Quichotte gründete er einst die »Delayed Night Show« und das Rap-Duo »Der Schreiner & Der Dachdecker«. 2017 erschien die Lyrik-Sammlung »Zwei weitere Winter«.

Derzeit arbeitet Salmen an seinem Debutroman und dem nächsten Bühnenprogramm. Ab 2018 ist der in Dortmund lebende Autor mit seinem neuen Bühnenprogramm »Treffen sich zwei Träume. Beide platzen« auf Live-Tournee.

Zeit für Lyrik
Sebastian 23

Bäume sind Büsche auf Balken
Schrauben sind Nägel mit Falten
Flüsse sind Meere auf Reisen
Zugfahren ist Fließen auf Gleisen

Träume sind Schlaf mit Ideen
Igel Kakteen, die gehen
Fenster sind gläserne Mauern
Berge sind Wellen, die dauern

Pogen ist Tanzen mit Prügeln
Kamele sind Pferde mit Hügeln
Regen sind Wolken, die welken
Regeln Vorschläge, die gelten

Netze sind Tücher mit Löchern
Pfaue sind Vögel mit Fächern
Biere sind Räusche in Bechern
Schnecken sind Schlangen mit Dächern

Säulen sind Bäume aus Steinen
Tische sind Böden auf Beinen
Schuhe sind Mützen für Füße
Kekse sind Brote mit Süße

Beine sind Arme zum Laufen
Mauern sind sehr grade Haufen
Eier sind werdende Hennen
Sekunden sind Stunden, die rennen

KOMA ist AMOK im Spiegel
Kakteen sind fußkranke Igel
Schränke sind Häuser für Sachen
Weinen ist trauriges Lachen

Wolken sind Pfützen, die fliegen
Zs sind Ns, wenn sie liegen
Weizen sind Gräser mit Ähre
Schwimmen ist Fliegen für Schwere

(Heißer Dank gebührt an dieser Stelle Lars Ruppel, der
zahlreiche Zeilen zum Text beitrug; und natürlich der
einzig wahren Poetry-Slam-Boygroup SMAAT.)

Sebastian 23 ist Kabarettist, Liedermacher und einer der bekanntesten Poetry Slammer Deutschlands. Außerdem hat er Philosophie studiert. Anschließend startete er seine Karriere als Slammer und gewann ein paar Kabarettpreise, u. a. den Prix Pantheon, die St. Ingberter Pfanne und

 den Cloppenburger Klappklotz. Er moderiert auch gerne mal die eine oder andere Show, zum Beispiel im Auswärtigen Amt, im Burgtheater, vor Hallen mit tausenden Zuschauern oder in verrauchten Kellerkneipen unter Stadtrandbahnhöfen. Immer mit dem Herz auf der Zunge.

»»Zeit für Lyrik« ist aus einem spontanen Spiel entstanden. Ich hatte die Idee und die ersten Zeilen aus meinem Notizbuch meinem Teamkollegen Lars Ruppel vorgelesen und dann sprudelten weitere Zeilen regelrecht aus uns raus. Die habe ich dann gesammelt. Diese Urversion habe ich dann Jahre später komplett überarbeitet und mit neuen Zeilen ergänzt.«

Oma & MDMA
Henrik Szanto

Ihr wisst doch gar nicht mehr, wie man richtig feiert, sagt Oma. Immer nur Chemie und Drogen und deprimierte Popstars, die jammern, wie schlecht sie es hatten. Warum nicht einfach Cola und Korn?

Und jammert bloß nicht, wie schlecht ihr es hattet. Wir hatten es schlecht. Wir hatten nicht mal Cola. Wir hatten nur Korn!

Streng genommen hatten sie damals nicht mal Korn. Oma lebt in Finnland, da gab's keinen Korn, da gab's den Selbstgebrannten, den Guten, aus der Distille an der Sauna. Korn kennt sie seit den 80ern, als den ein Enkel vom Schüleraustausch in Norddeutschland mitgebracht hat.

Den haben die Nazis ja damals verboten, sagt Oma verschwörerisch und nimmt einen großen Schluck.

Mit Nazis hatte Oma nie Probleme, nur mit den Russen. Als Oma auf die Welt kam, war Finnland noch ein russisches Gebiet, und heute ist sie älter als das Land, in dem sie sterben wird. Aber das sieht man ihr nicht an. Alkohol konserviert.

Immer nur Chemie und Drogen, schimpft sie. Amphetamine sind doch nur was für Kampfpiloten und dafür ist

Oma nicht in den Krieg gezogen. Sie spricht vom Krieg in der dritten Person. Im Krieg war Oma Partisanin und hat Russen erschossen. Heute strickt sie viel und meckert über MDMA. Damals hätte das niemand genommen. Du sitzt da, in einem Schneeloch, den wahrhaftigen Gefriertod drohend im Nacken und plötzlich ballert dein Gehirn Endorphine aus allen Rohren und du läufst los und willst den Russen umarmen. Und dann zack! Landmine.

Hat ja keiner Bock drauf.

Da lieber den Schwarzgebrannten aus der Saunatille. Das hält warm und mutig.

Ich habe meine Oma als kleines, hartes, verknöchertes Muttchen kennengelernt. Die Haare schlohweiß und licht und im Winter trug sie auch mal einen Pullover, weil man wird ja älter, nicht wahr? So eine Mischung aus Hufflepuff und White Walker. Meist saß sie in ihrem Schaukelstuhl und ignorierte die Enkel und die Kinder. Oma war nicht gut in Gefühlen, die lagen noch draußen in Karelien, aber irgendwas musste sie mit den Kindern ja anstellen, also strickte sie eben.

Manchmal ging Oma jagen, aber als sie älter wurde, war ihr das zu mühsam. Jetzt schaltet sie das Hörgerät aus, wenn die Kinder laut sind, und schaut manchmal sehnsüchtig zur Flinte.

Wahre Geschichte: Es war mein achter Geburtstag, gerade wurde gesungen, Oma greift nach der Flinte. Das erdet.

Im Winter fährt sie mit ihrem Geländewagen über den gefrorenen See – oder nimmt den Besen – und dann Omis Waldweg entlang. Der heißt wirklich so, seit meine Familie die Straße gekauft hat. Streng genommen hat sie einen geraden Strich durch einen Wald gekauft und ist dann so lange mit einem Traktor darübergefahren, bis es eine Art Feldweg war, und der heißt eben Omis Waldweg.

In Österreich muss man Großes leisten und sterben, ehe Straßen nach einem benannt werden. In Finnland reichen eine Axt und etwas Wohlwollen.

Oma hackt gern Holz. Manchmal schießt sie es auch. Oma kocht nur, wenn die Kinder kommen, aber sie kommen immer. Oma redet nicht über ihren Mann und Oma redet nicht über den Krieg, solange sie nüchtern ist. Mann und Krieg hängen zusammen, aber was zuerst kam und ging, das ist mir nie ganz klar.

Oma ist modern. Oma hat Myspace. Oma raucht gern Pfeife. Oma kifft nicht. Hippies und Pazifisten kiffen, Oma hat eine Flinte und ist Realist. Oma gendert nicht, aber Oma redet auch kaum, sondern hört nur viel.

Oma tut immer so, als würde sie fremde Sprachen nicht verstehen. Einer der Schwiegersöhne hat sie mal mit Stalin verglichen. Das hat sie schon verstanden.

Oma war Lehrerin. Das Leben hat ihr viel beigebracht.

Oma ist eine Anekdote, aber eine verhärmte. In Wirklichkeit hat sie nie was gesagt zu Drogen oder Popstars, aber wir waren jung und manchmal ist es einem langweilig am finnischen Seeufer und dann spinnt man herum. Nur das mit dem Korn hat gestimmt. Korn mag sie tatsächlich. Messer mag sie auch.

Als ich vierzehn wurde, bekam ich ein Puukko. Das ist ein scharfes, edles finnisches Messer – Valyrian Steel des Nordens, denn winter is nicht coming, es ist Finnland, winter is schon da – und alle Finnen bekommen eins geschenkt, als Meilenstein, kurz vor dem Erwachsenwerden.

Ein Freund von mir ist Norweger. Der bekam so eins mit sechs.

Jedenfalls war Oma ganz stolz, als ich es bekam, und schenkte mir noch rote Handschuhe dazu – damit man es nicht sieht, wenn ich mich mal schneide, meinte sie.

Als ich ein paar Wochen später am Flughafen stand, um zurück nach Deutschland zu fliegen, lag das Puukko in meinem Handgepäck und ich hatte es völlig vergessen, bis ein Zollbeamter es aus meinem Rucksack zog.

Ich weiß noch, wie ich ihm zusah, als er es herausholte, aus der Scheide nahm, die Klinge prüfte, testweise einen Stapel Notizblätter damit durchtrennte und mir zum Geburtstag gratulierte und das Messer zurück in meine Tasche legte.

Später erfuhr ich, dass nicht alle Finnen eins bekommen, sondern dass das nur in meiner Familie so ist und der Zollbeamte wohl mit mir verwandt war. Oma hab ich die Geschichte nie erzählt, aber Oma glaubt nicht an den Zoll oder an Grenzen. Die Grenzen, die sie kannte, waren aus Minen und Draht und Partisanen und Molotowcocktails.

Wenn andere über Politik reden, schaltet sie ihr Hörgerät aus und blickt sehnsüchtig zur Flinte.

Dann bringen wir ihr meist was von dem Korn und denken darüber nach, was sie wohl erzählen würde, wenn sie denn möchte. Sie erinnert sich noch, als Finnland Russland war. Das Land feierte 2017 hundert Jahre Unabhängigkeit.

Aber Oma erzählt nichts, sie strickt nur. Oma ist älter als das Land, in dem sie sterben wird. Und das sieht man ihr auch an.

Henrik Szanto ist halb Finne, halb Ungar und lebt als Schriftsteller, Slam Poet, Moderator und Kulturveranstalter in Wien.

2016 erschien sein Debütroman »Es glänzt und ist schön«, seine Arbeit am zweiten Roman wurde vom Österreichischen Bundesministerium für Unterricht, Kunst und Kultur mit dem Startstipendium für Literatur ausgezeichnet.

Szanto ist Gründungsmitglied und Initiator der Lesebühne »Sinn & Seife« und eine Hälfte des ausgezeichneten Poetry-Slam-Teams »Kirmes Hanoi«.

»Es ist nicht unbedingt leicht, einen Text über Verlust, Traumata und Krieg zu schreiben, der unterhalten kann.

Ich bin aufgewachsen mit einer Frau, die all ihre Menschlichkeit vor einem halben Jahrhundert im Krieg (und wie so oft gab es für ihre Welt nur den einen) verloren hatte und nie darüber sprach. Sie wurde dadurch unsichtbar, lebte als menschliches Mahnmal und erinnerte, ohne es erklärbar, begreifbar zu machen.

Es mag unvorstellbar sein, wie jemand war, bevor eine Zäsur sie zu dem machte, was sie werden sollte, aber irgendwo in ihr verbarg sich ein Mensch, nach dem zu suchen ich scheiterte. Und dann kam das Lachen.«

ABC

Leticia Wahl

Alles beginnt chronologisch, damit etwas Frohlockendes
geradezu holpernd im jähen Kindertraum lacht. Mag niemand Orchideen plündern, querdenken, rückwärts Silhou-
etten tanzen und verträumt wundervolle xfache Ypsilons
zaubern?

Ich lernte laufen, stürzen und aufstehen.
Ich lernte lesen, schreiben und zählen.
Hab gelacht, geweint und geatmet
und trug die Leichtigkeit des Lebens.

Zog in die Wälder, schwamm in Seen.
Ich stellte Fragen am laufenden Band.
Trug dabei meinen wachsenden Körper
als meine Rüstung und mein Gewand.

Ich malte Bilder, erzählte Gesichten.
Kreierte Welten in meiner Phantasie.
Hab gespielt, gelacht, war albern und
nährte mich labend an dieser Magie.

Es mehrten sich Dinge, die ich tun musste.
Ich tat sie, doch blieb schwer von Begriff.
So entwich der Zauber und ging zu Grunde
»Das musst du tun und jetzt frage nicht!«

Das Leben glich einem Spiel,
das mir täglich mehr missfiel.
Regeln, die sich neu erschlossen,
verfehlten dabei stets ihr Ziel.

So wurde ich größer und verlernte das Laufen,
wurde unsicherer mit jedem Schritt.
Stolperte. Wusste nicht, wohin, was ich wollte.
Und spielte das Spiel nur noch freudlos mit.

Ja, es riecht nach wie vor arg beißend an diesem Ort,
dessen Offenbaren wie kalter Rauch an mir hängenblieb.
Ich verschwende reine Geister, die ich verschlief,
  trinke Sekt, bin die Flasche und tauche ab in Nostalgie.

Trinke weiter und weiter.
Werde schwerer und versinke.
Ertrinke beinahe, laufe bis zum Rande voll.
Quelle über, ersaufe, implodiere
und frag mich, was das Ganze soll.

Realistisch betrachtet wäge ich Dinge ab,
Survival-of-the-Fittest bleibt mein Trumpf.
Von Dur zu Mol verklingende Melodien,
versunken, blau im eigenen Sumpf.

Ich merke, es wird spät, und gehe
im Drehflug durch die Kinderzimmertür.
Rühre an keiner Träumerseele,
fehle und mache keinen Fehler mehr.

Ja, es riecht nach wie vor arg beißend an diesem Ort,
dessen Offenbaren wie kalter Rauch an mir hängenblieb.
So starre ich vom Ufer aus auf die Strömung der
    Gezeiten,
wie vom Salz zersetztes Strandgut, das viel zu lange
    trieb.

Die Brandung trug auch dich an mich,
du glühendes kleines Würmchen.
Dein wärmendes Licht nähert sich
und ich schreite zu dir, leicht zögerlich.

Du fällst in meine Arme und ich in deine Welt.
Trage dich auf den Schultern, während du Wolken zählst,
schmeckt alles wie damals, zuckerwattenleicht,
mit haltenden Händen in deinem Zauberreich.

So stehst du vor mir, bist gerade mal 1 Meter.
Strahlst mich an, mit diesem frechen Blick.
Erwachsen? Werde ich mit dir wohl später.
Die Zeit steht still, obwohl der Zeiger tickt.

Du bist süß, aber nicht aus Zucker.
Du bist klein, doch zeigst wahre Größe.
Bist teils sauer, aber nie zu bitter.
Du bist ein Wunder, das allerschönste!

Du entschleunigst, wächst schnell zugleich.
Blühst auf, du Blume, und gedeihst.
Du bist reich, ohne jeglichen Besitz.
Ach, es ist schön, dass es dich gibt.

Mit dir drängen sich im Gemenge
die Klänge des Verstandes.
Fliehst vor Fängen fremder Hände,
die wir Normen nannten.

Mit dem Herz in der Hand
und dem Schalk im Gesicht
spiegeln deine großen Augen
permanent das Licht.

Was du mit mir teilst, ist pures Glück,
Lust auf Pommes, Eis und etwas Magie.
Mit dir hole ich Teile meiner Kindheit zurück
und spüre sie wieder, so doll wie noch nie.

Es ist schön, mit dir neu laufen zu lernen.
Gleich einem Spiel, in dem Würfel nicht fallen.
Ich spüre, Gefühle können wiederkehren,
solange tragende Schritte sich nicht verhallen.

Solltest du dich beim Wachsen einmal unwohl fühlen,
wird dir die Haut zu eng oder drückt gar der Schuh,
komm vorbei, wir setzen uns zwischen die Stühle
und schauen der Strömung beim Fließen zu.

Klänge des Verstandes, drängt euch im Gemenge,
mit dem Herz in der Hand, flieh vor fremden Fängen!
Spüre vorübergehend den Schlag in deiner Brust,
lecke das Salz verwundeter Träume.
Sei dir deiner Phantasie bewusst.

Sammle alle Unsicherheiten!
Träume, staple und lege Persönlichkeit offen!
Damit kann dein Fuß stehen, ohne Bein.
Und dann frag dich,
ja, frag dich das immer wieder:
Beginnt alles chronologisch?

Leticia Wahl (1993*) wuchs im idyllischen Nordhessen auf und zog nach ihrem Abitur in die große weite Welt. Genauer gesagt landete sie 90 km südwestlich – in Marburg. Dort absolvierte sie ihr Studium in Erziehungs- und Bildungswissenschaften und Psychologie. Neben Studium, Theater und Musik begann sie 2013, im Kontext der Slam Poetry auf Bühnen zu treten, und ist seither internationale Reisepoetin, Moderatorin, Workshopleiterin und Veranstalterin. Sie ist ein fester Bestandteil der  ältesten Lesebühne Marburgs und wurde 2017 hessische Vizemeisterin im Poetry Slam. Seither hält sie die Lyrikkanone fest in der Hand. PiuPiuPiu.

Energetisch, faszinierend und immer mit einem Schmunzeln im Gesicht. Egal, wie ernst die Lage, sie feiert die Poesie und alle Menschen, die das auch tun.

Ansonsten lässt sie sich auch so ganz schöne Dinge einfallen und kann privat ganz nett sein. Außer man zockt sie bei FIFA ab ...

»Meine Nichte.«

Das erste heilige Tribunal der Vorschulgruppe Frosch

Jann Wattjes

Direkt nach *McDonald's* Spielplätzen sind Vorschulklassen der relevanteste Tummelplatz verhaltensauffälliger, entwicklungs-verzögerter und einfach saudummer Kinder. Ich – das wird niemanden ernsthaft überraschen – war eines davon. In Vorschulklassen herrscht eine seltsame Gruppendynamik. Allen ist klar, dass man nur für ein Jahr eine Klassengemeinschaft bilden wird. Einige denken, sie seien in einem Kindergarten für Kluge. Andere wissen, sie sind in der 1. Klasse für Dummies gelandet. Frau Reutershahn-Teichmüller von Holtzhausen-Wipperfurth, eine stämmige Pädagogin, viermal mit Gewinn geschieden und mit allen Abwassern gewaschen, hatte daher ihre liebe Mühe, uns geschlossen für Themen zu begeistern wie »rechts und links«, »Fahrradhelme« oder »der Nährwert von Wachsmalstiften«.

Jedoch wird keiner der Beteiligten jemals vergessen können, was sich abspielte, als der emotionsbehinderte Sönke erstmals seinen Finger aus der Nase zog, um ihn in die Luft zu heben und die eine bohrende Frage nach dem Sein zu stellen: »Warum heißt unsere Gruppe Frosch?«

Sämtliche Kinder pausierten ihr Treiben, als hätte man das Raum-Zeit-Kontinuum ausgesetzt: Fabian unterbrach das gierige Trinken seines Tuschwassers, Julian und Legasthenian ließen davon ab, Torben mit Brennnesseln auszupeitschen, und selbst die Mädchen stoppten ihr Ritual, sich gegenseitig Plastik in die Haare zu knoten. Einzig Swjatoslaw war nicht davon abzubringen, »Darth Maul« in die Kaninchentränke zu pissen. Aber dessen Deutsch beschränkte sich auch auf die Phrasen »Ich war das nicht« und »Lass Pokémonkarten tauschen«.

Frau Reutershahn-Teichmüller von Holtzhausen-Wipperfurth war sich der Brisanz dieser Frage bewusst, wählte aber, statt der sicheren Flucht durch das Fenster, die falschest mögliche Antwort: »Frösche sind doch cool.«

»Nee«, korrigierte Sönke, während er seinen Finger wieder vorfreudig in die Nase zurückjustierte.

»Tiger sind cool!«, schrien Legasthenian und sein Zwillingsbruder Dyslexander mit derselben Energie, mit der sie sonst Wörter wie »du« falsch schrieben.

»Ich mag Spinnen«, sagte dieses seltsame Mädchen, das es in jeder Schulklasse gibt und dessen Namen man sich nicht merkt, weil es immer ungewaschene Haare hat und nach Mortadella-Brötchen riecht – ohne solche jemals tatsächlich zu verzehren.

Spätestens jetzt dämmerte allen Anwesenden, was zu tun war. Wie von Zauberhand räumte der Tafeldienst alles – mitsamt Frau Reutershahn-Teichmüller von Holtzhausen-Wipperfurth – an die Seite und stapelte Tische wie Stühle zu Richterpult, Anhörungsbank und Publikumssitzen. In die Mitte des Pultes setzte man Chris, der war in der Klassenhierarchie ganz oben, weil sein Vater Anwalt war – und er deshalb immer das fetzigste Spielzeug mitbrachte. An seinen Seiten Fabian – mit fünf Jahren Vorschulerfahrung der Klassenälteste – und Rollstuhl-Ralf, weil den alle für einen Cyborg hielten.

Chris nahm sein Holzschwert, schlug es auf den Tisch und erklärte das erste heilige Tribunal der Vorschulgruppe »Noch-Frosch« für eröffnet.

Hintereinander würde jedes Kind das Tier, das es für das coolste hielt, präsentieren, ehe unter richterlicher Anleitung im Plenum eine Entscheidung getroffen werden würde.

Den Anfang machte Mobbingopfer Torben mit dem Gorilla. Noch bevor er seine schlechte Wahl begründen konnte, verurteilte man ihn zu fünf Wochen Schwitzkasten.

Die Mädchen hatten sich derweil zu einer einzelnen Partei zusammengerottet und hielten einen flammenden, emotionalen, völkerverständigenden und hochphilosophischen Appell, dass das Pferd das beste Lebewesen auf Erden darstelle. Leider Gottes sind Mädchen einfach nur kacke. Was als Vorschüler natürlich nicht chauvinistisch gemeint, sondern total niedlich ist. Auch dieser Vorschlag wurde daher verfahrensgerecht disqualifiziert.

»Mein Lieblingstier sind Chicken McNuggets«, ließ Simon verlauten.

Er war als Kind mal in einen ganzen Topf voller Mountain Dew gefallen und soll mal sein eigenes Körpergewicht in Käse gegessen haben. Nur die Kinder, die manchmal auf seinem Scooter mitfahren durften, ließen davon ab, ihn Adiposimon zu nennen. Es handelte sich damit dennoch um den ersten formal akzeptablen Vorschlag, selbst wenn die Buchmacher Klebstoff-Klaas und der einäugige Bohrmaschinen-Boris ihm keine hohen Gewinnchancen zuschrieben.

Die Task Force »Dino« machte derweil einen zerfahrenen Eindruck, da man sich nicht einmal auf eine Sorte Dinosaurier einigen konnte. Aber ein Tyrannosaurus Rex ist nun einmal nicht dasselbe wie ein Pterodaktylus – so konnte man es später Dyslexanders Protokoll entnehmen.

Nach und nach sammelte sich ein bunter Haufen Vorschläge wie Einhörner, Drachen, Ninja Turtles und Teletubbies. Der Panda wurde derweil abgelehnt, unter der Begründung, dass man eine seriöse Vorschulklasse nicht nach einem Fabelwesen benennen könne. Während die anderen tuschelten, kippelten und stritten, in wessen Schwitzkasten man Torben verbannen würde, bahnte ich mir wie in Trance meinen Weg zum Rednerpult. Ich hatte mir noch keine Gedanken gemacht, was ich sagen würde, und ließ einfach sprechen, was in meinem Herzen war. Denn so hatte ich es bei Digimon gelernt.

»Liebes Tribunal,
Wir stehen hier heute nicht vor einer einfachen Wahl
Wir stehen hier heute im Angesichte der Geschichte selbst
Entscheiden gar über den weiteren Verlauf dieser Welt!
Daher sollten euer aller Bemühungen Respekt verdienen
Doch das beste Tier ist der Delfin
Der Delfin ist Säugetier und Fisch zugleich
Herrscht singend über Meer- und Himmelreich

Der Delfin – so berichten es die Ahnen
Schwimmt in zwei Minuten tausend Bahnen
Der Delfin kann zeitreisen, Sprite scheißen
Er hat den Cheeseburger erfunden
Macht Schwarz-Weiß-Filme zu Bunten
Er muss niemals zur Toilette gehen
Kann den Kopf einmal um die ganze Achse drehen
Im Nahen Osten jobbt er als Vermittler
Der Delfin ist das Gegenteil von Hitler
Wir wissen zwar alle nicht, wer das war
Denn wir sind Kinder
Delfine dagegen sind immer vierzehn
Coolstes Alter – kann man ja bei Schloss Einstein sehen
Delfine essen immer Nutella auf ihren Toast
Spenden Geld, Wärme und Trost
Delfine können die Kommastellen von Pi rückwärts
    aufsagen
Das 100-Fache vom Gewicht einer Ameise tragen
Delfine sind schlau wie Google und unterhaltsam wie
    Netflix
Machen die besten Weihnachtsgeschenke, verlangen
    aber im Gegenzug gar nichts
Delfine haben einen Echo-Instinkt
Durch den für alle Anwesenden Helene Fischers Musik
    wie Radiohead klingt
Delfine heilen Schnupfen, Brüche, Tod und Rassismus
Delfine leben in einem funktionierenden Sozialismus
Ein Delfin ist jemand, der bei pizza.de schaut, aber dann
    über's Telefon bestellt
So bekommt der Lieferservice dann nämlich mehr Geld
Und deshalb ist der Delfin das beste Tier der Welt«

Ein tosender Applaus zog durch die Massen, einigen fror das Lächeln für immer im Gesicht ein, andere rührte es zu stolzen Tränen. Selbst Frau Reutershahn-Teichmüller von Holtzhausen-Wipperfurth von und zu Zedlitz-Neukirch – sie hatte in der Zwischenzeit wieder geehelicht – weinte jubelnd in ihrem Lego-Technik-Gefängnis. Manche tanzten, manche verliebten sich, alle lagen sich in den Armen. Selbst Torben lag eng umschlungen in, na ja, jemandes Arm. Klebstoff-Klaas beschrieb es später als einen Moment ungeahnter Ekstase mit zitternden Gliedmaßen und geweiteten Pupillen – was aber auch an seiner Ernährung gelegen haben könnte.

Noch lange Jahre darüber hinaus wurde meine Rede rezitiert. Um vor dem Kultusministerium korrekten Sachunterricht in Vorschulen zu beantragen. Vor allem aber auch zur Eröffnung folgender heiliger Tribunale – der Vorschulgruppe »Delfin«.

1992 im ostfriesischen Esens geboren und von konservativen Seehunden aufgezogen, zeichnete sich für **Jann Wattjes** früh der Weg zum Schriftsteller ab.

Er verfasste Sci-Fi-Kurzgeschichten im Vorschulunterricht, korrigierte zurückgeschickte Liebesbriefe, schrieb beleidigende Gedichte über seine Freunde und irgendwann

dann einen Blog, der ihn bis zum Fernsehen brachte. Seit 2014 verselbstständigte sich der Drang, solche Texte auch nuschelnd auf Poetry-Slam-Bühnen zu präsentieren. Mit Erfolg: Jann Wattjes gewann mehrere Best-of-Slams, konnte sich für die Landes- und deutschsprachigen Meisterschaften qualifizieren und gilt szeneintern als »Geheimtipp – ein sehr, sehr sonderbarer Geheimtipp«.

»Immer wenn ich aus Versehen meine Eltern besuche, dauert es nur wenige Momente, bis peinliche Kindheitsgeschichten meine Seele zermürben sollen. Der unerreichte Klassiker ist dabei das Nicht-Fangen des Balles in der Schuluntersuchung. Bis letzte Weihnachten unterschlug man in diesem Epos allerdings stets, dass ich aufgrund jener Verfehlung ein Jahr in der Vorschule zubringen musste.

Ein ganzes Jahr, an das ich keine, nullkommajosef Erinnerung habe. In der Vorschule lernt man überhaupt nichts, es gibt nicht so geile Spielsachen wie im Kinder-garten und alle anderen Kinder sind in meiner Erinnerung nur gesichtslose Hüllen. Im Versuch, dieses verlorene Jahr mit Leben, meiner unbegründeten Liebe zu Delfinen und meiner Unkenntnis darüber, was ein Tribunal ist, zu füllen, entstand dieses Standardwerk der Vorschul-Literatur.«

Ein Gute-Nacht-Märchen

Florian Wintels

Es war einmal ein Wald, so groß und so alt,
ein Ende fast nicht zu erahnen.
Und er grünte und spross, da Blüten wie Knospen
ausreichend Licht hier bekamen.

Birken stützten Eichen, es gab wirklich nicht eine
Frage nach der Farbe der Rinde, nur Stolz
auf das, was man war: ein Wald.
Von außen aus Liebe, von innen aus Holz.

Und doch war im schier endlos weiten
und von jedem Zwist befreiten
wundersamen, dichten, grünen Blätterdach
zwischen Einigkeit, Zusammenhalt
und: »Rück heran, mein Stamm wird kalt«
kollektiv im Licht erblühen etwas Platz.

Und auf mitten dieser Lichtung,
die die Sonn bald zu vernichten schien,
bar jedes Erbarmens oder Kummers,
lag ein Buschwindröschen Kind
vertrocknet und schlaff und TOT
in den Armen seiner Mutter.

Und die Mutter schrie den Schmerz heraus,
so unverblümt und ehrlich laut,
dass es jede Pflanze auf der Welt vernahm.
Und bald kamen sie aus jeder Richtung
auf die nicht mehr lichte Lichtung,
um zu erfahren, was dort geschehen war.

»Mein Kinde ist gefallen, das dufteste von allen,
hier wird es immer wärmer, bis bald alles verdorrt.
Seht ihr die qualmenden Schornsteine am Waldesrand
    dort?«
Einige sahen sofort,
da kam die Tanne zu Wort:

»Auch ich bin voller Trauer,
denn man raubte mir die Frau,
als sie grad mir gewährte,
ihr näherzukommen.
Und ZACK! Fünf Jahre später
haben Glühwein trunkend Väter
sie mit Äxten und Sägen genommen.«

»Und mir«, rief da der Kaktus,
»mir nahm man meinen Spross,
kaum erblüht, entriss man mir den Enkel
und den stellten sie, von Herz befreit,
ausgesetzt dem Schmerz und Leid
in die Küche von einer Studenten WG.

Und zwar kehrte er zurück, doch war nichts wie zuvor
So mied man ihn hier, weil er widerlich roch.
Er pöbelt' und belästigte, ich kann's ihm nicht verdenken
denn man hatte ihn drei Jahre mit Tequila gegossen.«

Und bald wurde es den Ersten klar,
dann jedem, der versammelt war.
So hatte man sich trotz manch Differenzen vereint
und so erklärte dann der alte, weise,
hohe Rat der Mammutbäume
allen Pflanzen auf der Welt den Menschen zum Feind.

Und bald fletschte man die Löwenzähne,
spitzte man die Dornen,
alles bäumte sich auf, neben Linden und Pappeln
wurden Schwertlillien an die Jüngsten verteilt
und Tulpen begannen, Hyazinthen zu satteln.

Osterglocken läuteten zur Menschen letzten Stunde sich,
Baumschulen durften heute früher aus dem Unterricht.
Kirschen, Buchen, Fichten, Feigen, wütende Zypressen,
alle sangen sie im Chor:
»JETZT GIBT'S ÜBELST AUF DIE FRESSE!!«

Und sie zerrten und zogen sich erst aus dem Boden
und dann wie ein Sturm übers Land und
jede Frau, jeder Mann und jedes Kind
und jeder Zahnarzt bekam dann
eine Wurzelbehandlung.

Im Blättertanz vom Blut berauscht,
glühte die Natur schier auf,
teilte keine Gnade, nein,
sie teilte lieber Schmerzen aus.
Sogar wo der Pfeffer wächst,
wurde alles weggeflext,
und sogar der derbste Lauch
schlug mit aller Härte drauf.

Der Klatschmohn applaudierte,
die Weide peitschte.
Nur die Gänseblühmchen tanzten
– in Eingeweiden.

Überall pflasterten Tote die Wege,
zu Tode getreten
durch Photosynthese.

Und kurz nach Buschwindrosen Schrei
war der Spuk auch schon vorbei,
als milde ein Hauch über die Rinden wehte.
Kein Qualm stieg mehr empor, kein Auto fuhr,
nur sah man dort,
wie einsam sich am Horizont ein Windrad drehte.

Und eine Böe nach der andren
nahm den Schmutz und der Gestank
all der Verstorbenen begann dann,
nach und nach rasch nachzulassen.
Und bevor sich einer frug, ob das,
was man getan, so klug,
war über alles, über alle schon längst Gras gewachsen.

So war das Glück nun steter Gast
im grünen Land der Freude.
Und wenn sie nicht gestorben sind,
dann blühen sie noch heute …

Und nun schlaf, mein liebes Kind,
hab keine Angst vor Hirngespinsten
knorriger und widerlicher Wesen im Dunkeln.
Denn das war bloß ein Gedicht,
den Klimawandel gibt es nicht.
Der Klimawandel wurde von Chinesen erfunden.

Darum nimm dir bitte, zweifel nicht,
auch wenn es nicht deines ist,
nimm so viel du willst, es ist mir wahnsinnig egal.
Denn wenn die Welt mal untergeht,
weil sie zu viele Wunden trägt,
dann bin ich schon lange nicht mehr da.

Gute Nacht.

Florian Wintels erspähte am vierten Juni 1993 das Licht der Welt und war schon damals recht keck. Seine ersten Gedichte schrieb er bereits in der Grundschule, ohne ersichtlichen Grund. 2009 bestritt er, eher gezwungen als wollend, seinen ersten Poetry Slam in der schönen Grafschaft Bentheim, die er, trotz Studiums in Paderborn, seine Heimat schimpft, und stellte sich dabei gar nicht so schlecht an. Er gewann hin und wieder, doch tauchte nicht oft auf, er war der Ninja unter den Slammern und 2011 trat er das erste Mal bei den deutschsprachigen Meisterschaften in Hamburg auf die große Bühne und versagte hart! Eine schwere Zeit für ihn und seine Familie, da die Hoffnungen groß, doch seine lyrischen Mittel knapp waren.

Er nutzte die Zeit der Niedergeschlagenheit, um wie ein Phönix aus der Asche emporzusteigen und zu dem zu werden, was er heute ist, nämlich eine »rappende Slammaschine« (ARD), »abstoßend derb« (Neue Westfälische), aber auch »reichlich knusper« (Johannes Floehr). Er ist Niedersachen/Bremen-Meister (2013, 2016 & 2017) deutscher Box-Poetry-Slam-Meister 2015 und der einzige Halunke, der es schaffte, innerhalb von zwei Jahren in drei Einzelfinals deutscher Meisterschaften zu stehen. 2014 gewann er sogar den weltgrößten Poetry Slam vor 7.000 Zuschauern auf dem Deichbrand Festival. Und er ist süß.

»Mein Gute-Nacht-Märchen habe ich ursprünglich für den Nussknacker-Slam in Leipzig geschrieben. Vor über 1.000 Zuschauern wurden die Stücke von Tschaikowskis Oper vertextet. In seiner ersten Fassung enthielt das Gedicht den ›Schlachtgesang der Blumen‹ mit der Melodie des Blumenwalzers. Das war absolut krass. Fand aber niemand lustig. Die Thematik des Textes ist und bleibt wahrscheinlich auch in den kommenden Jahrtausenden aktuell. Das ist für den Menschen schlimm, für den Bühnenpoeten allerdings absolut krass. Mittlerweile würde ich ihn als einen meiner Lieblingstexte bezeichnen. Vor allem meine Idee des Textes im Text ist absolut krass. Manchmal lachen sogar die Leute.«

Der Pfad zur Erleuchtung

Jan Philipp Zymny

Begrüßung! Mein Name ist Jan Phlippphlopp Zymny. Ich bin Schamane von Beruf, doch Bankkaufmann aus Leidenschaft. Im August werde ich sechzehn Jahre alt und in meiner Freizeit züchte, sammle und frisiere ich Hühner.

Der Erzengel Kaliumpermanganat hat mir ein Wort der Weisheit für euch mitgegeben, denn ... der Pfad der Erleuchtung ist ... gepflastert mit ... ähm ... den Pflastersteinen der ... öhm ... beginnen wir die Lektion.

Als einer der meisten Schamanen unserer Epoche werde ich häufig gefragt, wie wir mit den Problemen umgehen können, die uns in diesem Abschnitt der Raumzeit, den wir bewohnen, direkt betreffen, und ich denke, dass nicht nur die Geschichte der Menschheit, sondern alle Geschichten wie Harry Potter oder die Bibel zum Beispiel gezeigt haben, dass der beste Weg mit Problemen umzugehen, Lösungen sind.

Ich möchte daher heute einige Lösungsansätze präsentieren, denn für uns als Spezies von Gehirnen in Glastanks, denen mit Hilfe von Computern eine Realität vorgegaukelt wird, ist es wichtig, dass wir nicht nur über den Tellerrand hinausschauen, sondern auch aus dem Küchenschrank heraus, bis in den Flur hinein, wo viele von uns erkennen, dass sie seit 30 Jahren mit einem übergewichtigen Alkoholiker namens Manfred verheiratet sind. Diese Leute fragen sich da völlig zu recht: Warum?

Warum existieren wir?

Nun, 10.000 Jahre gibt es jetzt den modernen Menschen und zwei Dinge haben wir in der Zeit nicht herausgefunden:

• Was der Sinn des Lebens ist und

• Wie wir aneinander vorbeikommen, wenn wir exakt aufeinander zulaufen.

Wir wissen nicht, woher wir kommen, wir wissen nicht, wohin wir gehen, und auch der Weg dazwischen scheint problematisch zu sein. Von außen müssen wir aussehen wie ein Planet voll Betrunkener, die ziellos umeinander torkeln. Das dürfte auch der Grund sein, warum die Außerirdischen nicht mit uns reden. Ganz ehrlich, würdet ihr einen betrunkenen, nackten Affen auf der Straße ansprechen, der Zugang zu Atomwaffen hat? Ich glaube nein.

In der grenzenlosen Verzweiflung über die Unbeantwortbarkeit dieser großen Frage verwechseln viele einen Lebenssinn mit einem Beruf.

Doch da seid gewarnt! Ein Beruf ersetzt nicht den Lebenssinn! Auch wenn die Verlockungen zahlreich sind. Sicher! Es gibt viele schöne Berufe, mit denen sie uns verführen wollen. Und dann erzählen sie einem, man könnte ALLES werden, was man will. ALLES! Bundeskanzler oder Holzgießer oder Gewürzschmied oder Atom ... ähhh ... mann.

Lüge, Lüge, Dreifachlüge. Niemand von uns kann alles werden. Die meisten von uns sind schon damit überfordert, sie selbst zu sein, und trotzdem kriegen wir bereits im Kindergarten diesen Unsinn zu hören.

»Kinder, ihr könnt alles werden, was ihr wollt. Jennifer, was möchtest du werden?«

»Astronautin.«

»Kannst du werden. Murat, was möchtest du werden?«

»Architekt.« »Kannst du wer... ist unwahrscheinlich, Murat. Es gibt keine Chancengleichheit in Deutschland, du kannst es versuch... hm, na ja ... du bist Murat, du bleibst Murat. Das ... ähm ... ist doch auch schon was. Oh, schau dort! Da werden noch Rapper gesucht. – Kevin, was möchtest du werden?«

»Ein Bagger!« ... Klassischer Kevin an der Stelle.

Und dann alle anderen so: »Jaaa! Ich will auch Bagger werden!«

Doch die Realität sieht anders aus: Wir können nicht alle Bagger werden. Wir leben in einer Zeit, in der wir exakt die Anzahl von Baggern haben, die wir brauchen. Sie sind nur ungerecht verteilt! All die schönen Wüsten, wo man toll rumbaggern könnte, sind in den Dritte-Welt-Ländern, die meisten Bagger allerdings sind in den Industrienationen. Ich würde vielleicht sogar doch soweit gehen zu sagen, dass wir hier mehr Bagger haben, als wir unbedingt brauchen! Wir leben im Baggerüberfluss! So viel gibt es hier real gar nicht zu baggern, wie wir Bagger haben, um das theoretisch zu baggern. Aus blanker Verzweiflung heraus beginnen einige Männer bereits damit, an Frauen herumzubaggern! Das ist doch eindeutig ein Holzweg!

Stimmt! Jetzt erinnere ich mich. So war es: Der Weg zur Erleuchtung ist ein Holzweg. Auf diesem wandle ich. Wandelt mit mir, denn ihr könnt vielleicht nicht alles sein, doch ihr könnt euch erleuchten, wie es euch beliebt. Seid frei. Denkt euch was aus.

Zum Abschluss hat mir der Erzengel Kaliumpermanganat ein spirituelles Rätsel für euch mit gegeben. Er fragt: »Wenn zwei Sumoringer gleichstark sind, machen sie dann nicht nur eine sehr lange Umarmung in Windeln?«

Bitte schön.

Jan Philipp Zymny (*1993 in Wuppertal) ist Autor, Kabarettist, Stand-up-Komiker und einer der bekanntesten und erfolgreichsten Poetry Slammer der Szene.

Nicht nur gewann er 2013 und 2015 die deutschsprachigen Meisterschaften im Poetry Slam, sondern stand seit 2012 viermal in Folge im Finale dieses fünftägigen Literatur-Festivals. Weitere Preise und Jahreszahlen sind der NightWash Talent Award 2013, der Jurypreis des Prix Pantheons 2016 sowie 2015 der Galardón de importancia del literatura des spanischen Königshauses. Erstaunlicherweise hat er sich nur einen davon ausdenken müssen.

Doch halt! Das waren noch nicht genug Fakten über ihn.

Seit Frühling 2011 hat Jan Philipp Zymny vier Bücher veröffentlicht, davon einen Roman, ein 12-stündiges Hörspiel, eine DVD seines ersten abendfüllenden Soloprogramms, mit dem zweiten tourt er mittlerweile durch Deutschland, Österreich und die Schweiz; und das alles, obwohl er noch so jung ist! Schauen Sie noch mal auf das Geburtsjahr.

Manche nennen Jan Philipp ein Genie, andere nennen ihn verrückt und wieder andere nennen ihn Rolf, aber von denen sollte man sich fernhalten. Er heißt wirklich ziemlich eindeutig Jan Philipp Zymny.

»Ich hatte Bock. Ein Tischler tischlert. Ein Fischer fischt. Ein Jan Philipp Zymny schreibt.«

Über die Herausgeberinnen

Denise »Denzen« Bretz kam 1995 als Kind einer Münchnerin und eines Berliners in Bielefeld zur Welt. Und seit sie mit fünf Jahren das Lesen für sich entdeckte, stand eines fest: Es müsste später irgendwie mit Büchern gearbeitet werden – wenngleich die exakte Jobbezeichnung noch nicht ganz ausformuliert war.

Sie fühlte sich weder in der Schule noch in der Uni besonders wohl; mit Ach, Krach und morgendlichen Anrufen wurde das Abitur halbwegs bestanden, das Studium lief eher auf Sparflamme neben dem Job in der Gastronomie, bis sich über Lektora endlich eine Tür in die richtige Richtung öffnete. Sie hatte zwar keine Ahnung, wie genau man sich als Verlag auf Poetry Slam spezialisieren konnte, aber Buchstaben auf Seiten ergeben bekanntlich immer ein Buch. Drei Monate Praktikum, ein Jahr Volontariat und eine ganze Menge Manuskripte später macht sie heute mit Verlagsleiter Karsten Strack gemeinsame Sache und steckt als Lektorin ihre ganze Leidenschaft fürs geschriebene Wort in die Textsammlungen der deutschsprachigen Slam-Poet*innen, scoutet neue Talente auf den deutschsprachigen Meisterschaften und fühlt sich pudelwohl auf der Leipziger Buchmesse. In ihrer Freizeit schwirrt sie als Theken-, Social-Media- und Foto-Hummel auf den Slam-Veranstaltungen in Bielefeld und Paderborn umher und übt heimlich vorm Spiegel, um irgendwann selbst mal auf einer Bühne stehen zu können.

Larissa »Larry« Tiboka aka Tiesbohnenkamp wurde 1992 mit einem Namen ostwestfälischer als die Lippe selbst geboren. Ihre Jugend verbrachte sie im eher mittelschönen Gütersloh und wollte damals eigentlich nur eins: weg. Schauspielerin werden und auswandern oder Autorin werden und auswandern oder einfach irgendeinen Beruf ergreifen und auswandern. Hauptsache in die Ferne. Da liegt es nahe, dass es sie zum Studium nur eine Stadt weiter nach Paderborn getrieben hat. Kurze Zeit versuchte sie sich am Studium der Theaterwissenschaft im tatsächlich schönen Leipzig, was sie aber aus Gründen nicht beendete. Sie kehrte wieder zur Medienwissenschaft nach Paderborn zurück. Dort schloss sie schließlich den Bachelor in MeWi und Englisch ab, aber nicht bevor sie nicht ein Praktikum im Lektora-Verlag absolvierte. Darauf folgten dann der Master und ein Volontariat bei Lektora. Danach kümmerte sie sich um alles, was mit Hashtags, clicks per view, Followern und Marketing zu tun hat. Den Verlag musste sie zwar inzwischen leider hinter sich lassen, wird die beiden Lektora Girls und ein Stück Poetry Slam aber immer im Herzen bewahren.

Ansonsten ist Larissas momentanes Leben geprägt von ihrer Arbeit im Kino, ihrer Masterarbeit und ein kleines bisschen Freizeit, die sie gerne mit Büchern, Backen und ihren zwei Katern (#proudcatmom) verbringt.

Text- und Bildnachweis

»Wenn ich mutig wäre« – Victoria Helene Bergemann
aus: »Basti hat behauptet, dass meine Mutter gesagt
hätte, ...«
ISBN: 978-3-95461-100-3
Foto: Henrich Robke

»Resignation« – Johannes Berger
aus: »Jugendsünden«
ISBN: 978-3-95461-059-4
Foto: Marvin Ruppert

»Von Felsblöcken und Schulbänken« – Annika Blanke
aus: »Neulich war gestern noch heute«
ISBN: 978-3-95461-092-1
Foto: privat

»Nur eine Variable« – Josephine von Blueten Staub
aus: »Nachtschattengewächse«
ISBN: 978-3-95461-130-0
Foto: Bernd Widmann

»Gesellschaftliche Winternacht« – Kai Robin Bosch
aus: »Tagträumer«
ISBN: 978-3-95461-087-7
Foto: Christopher Cocks

»Raclette« – Sandra Da Vina
aus: »Vom Kuchen und Finden«
ISBN: 978-3-95461-131-7
Foto: Anna-Lisa Conrad

»Scheitern ist okay« – Stefan Dörsing
aus: »Scheitern ist okay, nicht scheitern ist okayer.«
ISBN: 978-3-95461-090-7
Foto: Jakob Kielgaß

»Eine Absage« – Johannes Floehr
aus: »Buch«
ISBN: 978-3-95461-110-2
Foto: Luke Prangen

»Letzte Rechtfertigung« – Sven Hensel
aus: »Aufhause«
ISBN: 978-3-95461-093-8
Foto: Denise Bretz

»Eine Reihe dreister Falschaussagen« – Elias Hirschl
aus: »Glückliche Schweine im freien Fall«
ISBN: 978-3-95461-109-6
Foto: Gerald von Foris

»U. W. E.« – Philipp Herold
aus: »Alles zu seiner Zeit«
ISBN: 978-3-95461-125-6
Foto: Marvin Ruppert

»Was wäre, wenn« – Björn Högsdal
aus: »Flaschenpost von Gott«
ISBN: 978-3-95461-129-4
Foto: Uwe Lehmann

»Ein Date voller Hate« – Harry Kienzler
aus: »Balladen«
ISBN: 978-3-95461-039-6
Foto: privat

»Mindesthohn« – Jean-Philippe Kindler
aus: »Ein Stück Quiche in Krefeld-Fischeln«
ISBN: 978-3-95461-118-8
Foto: Jakob Kielgaß

»Die Handwerker sind da« – Insa Kohler
aus: »Leben auf Spaßflamme«
ISBN: 978-3-95461-091-4
Foto: privat

»Hasskuss« – Sarah Lau
aus: »Umständliche Zärtlichkeiten«
ISBN: 978-3-95461-132-4
Foto: Lena Johanna Seibel

»#klartexttext« – Agnes Maier
aus: »Veni, Vidi, Vulva«
ISBN: 978-3-95461-127-0
Foto: Zaubermomente Fotografie

»Max und Moritz 2015 – eine antikapitalistische Buben-
geschichte in drei Streichen« – Fabian Navarro
aus: »Die Chroniken von Naja«
ISBN: 978-3-95461-103-4
Foto: Heike Kölzer

»Der Soldat« – Quichotte
aus: »Es steht alles auf der Kippe«
ISBN: 978-3-95461-048-8
Foto: Fabian Stürtz

»Brüll! Beton!« – Lars Ruppel
aus: »Larubel-Trilogie«
ISBN: 978-3-95461-038-9
Foto: privat

»Der Zirkus ist in der Stadt« & »Inventur« – Patrick
Salmen
aus: »Zwei weitere Winter«
ISBN: 978-3-95461-115-7
Foto: Fabian Stürtz

»Zeit für Lyrik« – Sebastian 23
aus: »Hinfallen ist wie Anlehnen, nur später«
ISBN: 978-3-95461-081-5
Foto: Christoph Neumann

»Oma & MDMA« – Henrik Szanto
aus: »Es hat 18 Buchstaben und neun davon sind
Ypsilons«
ISBN: 978-3-95461-126-3
Foto: TJ Photography

»ABC« – Leticia Wahl
aus: »Was dazwischen bleibt«
ISBN: 978-3-95461-124-9
Foto: Jakob Kielgaß

»Das erste heilige Tribunal der Vorschulgruppe Frosch« –
Jann Wattjes
aus: »Lauchentscheidungen«
ISBN: 978-3-95461-111-9
Foto: privat

»Ein Gute-Nacht-Märchen« – Florian Wintels
aus: *Buch erscheint im Frühjahr 2020*
Foto: Denise Bretz

»Der Pfad zur Erleuchtung« – Jan Philipp Zymny
aus: »Es war zweimal«
ISBN: 978-3-95461-052-5
Foto: Anna-Lisa Konrad

Karsten Strack (Hg.)

Die ultimative Poetry Slam Anthologie

Die deutschsprachige Poetry-Slam-Szene feiert im Jahr 2014 ihr 20-jähriges Jubiläum. Diesen historischen Moment nimmt der Lektora Verlag als größter deutschsprachiger Poetry-Slam-Buchverlag sehr gerne zum Anlass, um eine Anthologie vorzulegen, die einen Querschnitt deutschsprachiger Slam-Texte aus den vergangenen 10 Jahren bietet. In der Anthologie sind insgesamt 24 Texte von 23 Autoren und einer Autorin versammelt. Sie beinhaltet zahlreiche »Klassiker«-Texte renommierter Slam-Poeten wie zum Beispiel »Ärger die Monotonie« (Sebastian 23), »Ein Kanake sieht rot« (Sulaiman Masomi), »Bread Pitt« (Lars Ruppel), »Ballon-Fahrer Jean und Flieger-Horst« (Karsten Hohage), »Von Ärzten und Claire. Wenn die Welt wäre wie in Serien« (Pierre Jarawan) oder »Märchen mit Opa« (Jan Philipp Zymny), um nur einige zu nennen. Zu den einzelnen Texten finden sich auch die jeweiligen Autorenbiographien und als besonderer Bonus ein Kommentar des Autors zu seinem jeweiligen Text. Das Buch ist somit eine Sammlung zum Lesen und Vorlesen und sicherlich auch für den Einsatz im Schulunterricht und an der Universität geeignet.

978-3-95461-030-3
13,90 EUR

www.lektora.de

Karsten Strack (Hg.)

Schreiben statt Jammern

Die ultimative Liebeskummeranthologie des Poetry Slam

Was bleibt nach so einer Beziehung?

Nachdem man alles miteinander geteilt hat, teilt man alles wieder auf, den Freundeskreis, die Stadt, die Kneipen, Kinder, Haustiere, Erinnerungen und Einrichtungsgegenstände – bis man nur noch halb ist. Danach kommt die Zeit, in der man versucht, Schlaglöcher zu flicken und wieder ganz zu werden, bevor man sich wieder ins Getümmel stürzt.

Diese Anthologie ist das Buch davor. Wenn dir der Mut fehlt, spreizt es die Seiten für dich, nimmt dich schützend zwischen die Buchdeckel, so dass jede Abweisung und jeder Korb einfach abprallt.

Dieses Buch ist das Buch danach, wenn man mit zerlaufenem Kajal und einem Karton in den Händen im Regen steht und nicht weiß, wo man klingeln soll. Man kann es wahlweise lesen oder rauchen.

Und wenn es gerade einfach nicht läuft: Lies dieses Buch, es hält sich in den Fingern wie die Hand eines guten Freundes, der sagt: »Hey, ... ist schon o.k.«

978-3-95461-058-7
13,90 EUR

www.lektora.de

Dean Ruddock (Hg.)

Slamsala Bumm

Poetry-Slam-Texte für ganz junge Leute

Lebendige Literatur für lebendige Menschen. Aufbauend auf den Erfahrungen unzähliger Poetry-Slam-Workshops präsentiert der Lektora-Verlag nun eine Sammlung von erprobten Bühnenliteratur-Texten für ganz junge Leute. Neben bekannten Größen der deutschsprachigen Slam-Szene finden sich auch neue Stimmen zwischen diesen Buchdeckeln, um noch unverbrauchte Augen und Ohren für die Magie der (gesprochenen) Worte zu begeistern.

Mit Texten von:

Dean Ruddock, Fabian Navarro, Pauline Füg, Björn Högsdal, Lars Ruppel, Fatima Moumouni, Josephine von Blueten Staub, Valerio Moser, Lara Ermer, Sandra Da Vina, Xóchil A. Schütz, Teresa Reichl, Kirsten Fuchs, Adina Wilcke, Rebecca Fisch und Sebastian 23

978-3-95461-112-6
12,00 EUR

www.lektora.de